いまこそ
ハイエクに学べ

「戦略」としての思想史

F・A・HAYEK

仲正昌樹

春秋社

フリードリヒ・アウグスト・フォン・ハイエク（1899–1992）

オーストリア、ウィーン生まれ。人文・社会・自然科学を横断しながら、また国境を越えて、独自の自由主義思想を展開した、20世紀を代表する経済学者、思想家。

1974年にノーベル経済学賞受賞。主な著書に、『隷属への道』、『自由の条件』、『法と立法と自由』、『感覚秩序』、『科学による反革命』などがある。

いまこそハイエクに学べ

目　次

いまこそハイエクに学べ

「戦略」としての思想史

ハイエクから見た近代思想史

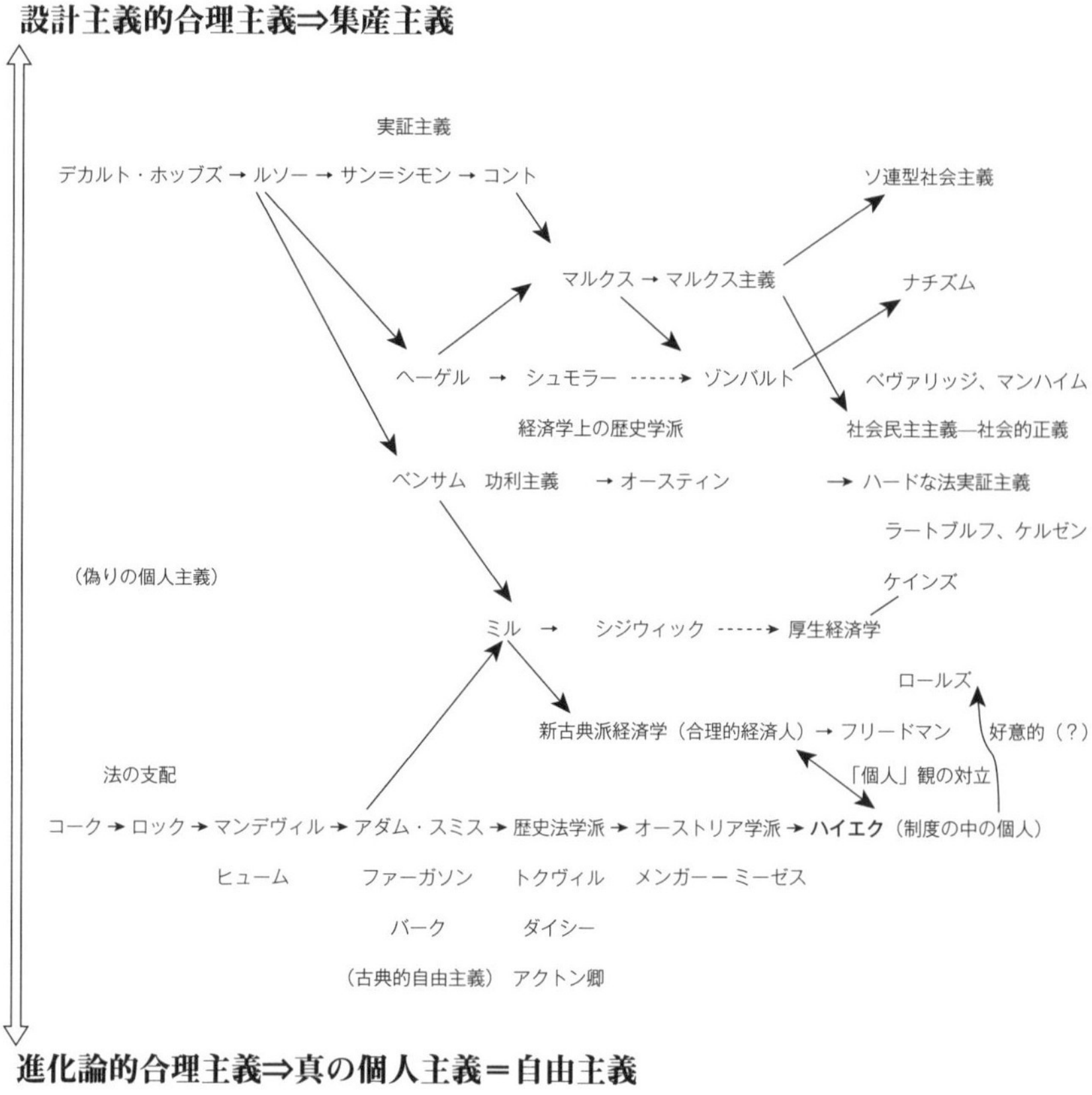

序論

ハイエクはなぜ分かりにくいのか

ハイエクとの出会い

私がフリードリヒ・ハイエク（一八九九―一九九二）という思想家の名前を最初に知ったのは、八〇年代の初頭、大学一年生か二年生の頃だったと思う。あまりはっきりと覚えていないのだが、多分、「西部邁氏などの保守系の経済論客が、高く評価している社会経済学者（あるいは、社会哲学者）である」、というような話を、どこかで読んだか聞いたかしたような気がする。

当時、東大の落ちこぼれ理系（崩れ）学生であり、経済学とか法学を――恐らく、エリートの学問だと思い込んでいたせいで――敬遠していた私には、どういう理由でそのハイエクという人が評価されているのか知るよしはなかったし、積極的に知ろうという気も起らなかった。ただ、「ハイエク」という、何となく東欧っぽくて、少し謎めいた響きの名前は妙に印象に残った。外国語を習うのが好きだったので、名前の響きだけが印象に残ってしまったのだろう。

その後長いこと、ハイエクの思想の具体的中身に関する基礎知識はあまり増えなかったが、ちょうどハイエクの亡くなった年に当たる一九九二年に（標準より七年遅れの）二十九才で大学院に入ってドイツの思想史を研究するようになってから、再度「ハイエク」と出合うことになった。当時の私の本当の専門は、一八世紀末から一九世紀初頭にかけて活動していたドイツ・ロマン派の言語哲学及び批評理論だったが、少し手を広げて、ロマン派と直接的・間接的に関係がある哲学や政治・経済思想の系譜についても多少勉強していた。

そうした予備的・背景的な勉強の過程で、オーストリア（ドイツ語圏）生まれのハイエクが、同じオーストリア出身の言語哲学者ヴィトゲンシュタイン（一八八九－一九五一）の親戚で、本人も独特の言語観を持っていたらしいことを知った。また、第二次大戦後、（旧）西ドイツの「社会的市場経済」政策に理論的基礎を与えたオルドー学派とハイエクが一緒に仕事をしていたことも分かってきた。

その後、金沢大学の法学部（現、法学類）に就職し、しばらく経って、「政治思想史」を担当するようになってから、今度は、ケインズ主義的な「大きな政府」を批判する「新自由主義」――「新自由主義」という言葉は、日本の論壇であまりにも雑な使われ方をしているので、本当はあまり使いたくないのだが――の政治・経済思想家としてのハイエクと（再々）遭遇することになった。ソ連が消滅して東西冷戦が完全に終焉した頃――つまり、ハイエク自身が亡くなった前後――から、ハイエクはあっという間に（いい意味でも悪い意味でも）メジャーになり、もはや一部の専門家だけが熱心に研究する〝変わった経済思想家〟ではなくなっていた。

ハイエクの位置づけ

西欧政治思想史で、「自由主義」の現代的展開についてきちんと説明しようとすると、平等と自由を両立させることに主眼を置く正義論を構想したロールズ（一九二一－二〇〇二）など主流派の「リベラル」と対立する位置にいる（とされている）ハイエクの存在に言及しないわけにはいかない。

アメリカの政治哲学では、福祉国家的な再配分政策を否定し、市場に委ねるべきだという見地からロールズたちの正義論を批判する、徹底した〝自由主義者〟は、通常、「リバタリアン（自由至上主義者）」と呼ばれるが、ハイエクは「リバタリアン」の元祖、あるいは先駆者として位置付けられることが多い。

「（原）リバタリアンとしてのハイエク」は、基本的に、英米系の思想家として扱われる。実際、ハイエクが経済学者として知られるようになったのは、三〇年代に英国のロンドン・スクール・オブ・エコノミクス（ＬＳＥ）で教えるようになってからであり、経済・社会・政治思想家としてより一般的に知られるようになったのは、彼の著作『隷属への道』（一九四四）がアメリカで大反響を呼び、戦後彼がシカゴ大学で教鞭を取るようになってからである。

また、彼が擁護する「自由」観は、大筋において、ロック（一六三二―一七〇四）、ヒューム（一七一一―七六）、アダム・スミス（一七二三―九〇）、ジョン＝スチュアート・ミル（一八〇六―七三）などによって開拓された、英米系の経験論的な自由主義の系譜に連なるものだと言える。本文中でもう少し詳しく説明する予定だが、ハイエクは、人間本性にアプリオリに備わっている――例えば、あらゆる物理的因果法則を超越した「自由意志」のような――普遍的原理から、「自由」の本質を一義的に規定する――ドイツ的な――議論はせず、「他者による（特定の行為への）強制」を現実的・具体的に受けていない状態として「自由」を捉えようとする。「自由」を人間同士の具体的な関係の中でのみ意味を持つ概念として理解したうえで、それを保障するための最も有効なやり方を構想する方向で思考を進めるのは、英米系の政治哲学の特徴である。その意味でハイエクの政治哲学は、英米的である。

カント（一七二四－一八〇四）やヘーゲル（一七七〇－一八三一）の系譜に連なるような、形而上学的な視点からの――つまり、直接的に観察することができない超越論的な原理に基づく――「自由」の定義のようなものは、彼の主要テクストではほとんど見かけない[1]。歴史の普遍的発展法則としての「唯物史観」に基づいて、具体的な経済・社会状況を分析しようとする――ドイツ産の思想である――マルクス主義とは、理想としての共産主義社会に対する評価という面に限らず、基礎的な方法論の面でも徹底的に対立する関係にある。

ハイエクが経済学上のオーストリア学派[2]に属している、あるいはその出身であることを、彼のドイツ的要素として挙げることができるかもしれない。オーストリア学派というのは、限界効用理論の発見者の一人とされるカール・メンガー（一八四〇－一九二一）に始まる、理論経済学上の学派である。同じく限界効用理論を発見し、新古典派経済学の源流となったワルラス（一八三四－一九一〇）のローザンヌ学派やジェボンズ（一八三五－八二）のケンブリッジ学派と比べて、価値の主観性と経済的プロセスの不確実性を強調し、市場の均衡モデルを作ることに慎重であることなどが、特徴として知られている。経済学史的なハイエク研究では、オーストリア学派の影響を強く受けたハイエクの考え方は、市場を数理モデルで完全に捉えることができるかのような議論を立てる新古典派経済学のそれと異質であることが指摘されている。

ただ、当のオーストリア学派自体がその出発点において、民族・文化ごとの歴史発展の法則の存在を前提として国民経済のあるべき姿を明らかにしようとしたドイツの歴史学派と徹底対決したことに象徴されるように、極めて〝非ドイツ的〟性格を持っているうえ、体系化された「自由」の哲学のようなものは共有していない。無論、オーストリア学派は基本的に経済的自由を重視する立場を取っており、その主観主義や方法論的個人主義が、ハイエクの「自由」観の形成に強い影響を与えたことが知られているが、それはあくまで経済学的な影響である。

強制なき状態としての「自由」に焦点を当て、「自由」を可能にした「市場」及び関連する諸制度を探求するハイエクの政治哲学・社会理論の基本線は、［ロック―ヒューム―スミス―バーク―ミル］の系譜――ホッブズではなくロックから始まるのは何故か、どうしてバークが入るのかについては、後で説明する――に連なるものであり、それを現代的な状況に合うように発展させたものと見た方が理解しやすい。ハイエクが自らの議論でポジティヴに参照する政治思想家の多くは、（広い意味で）英米系の人たちである。ハイエク自身、自らの思想的源泉は英国の政治思想、特にスコットランド啓蒙主義系の思想であると述べている[3]。

体系化しづらい独特の思想

本書は、オーストリア学派出身で、英米系自由主義の本流を継承し、現代版の「自由主義（＋市場擁護）論」を展開した「政治哲学者ハイエク」についての解説書の一種である。言うまでもないことだが、これまでハイエクについては数多くの研究書が出されており、日本語で読めるものも数多い。特に、長年にわたる社会主義やその亜種との闘いの歴史や、新古典派経済学やミルトン・フリードマン（一九一二―二〇〇六）など他の「新自由主義者」との違い、「自由の法」をめぐる後期の議論、「知識」の本質をめぐる科学哲学論議については、かなり研究の蓄積がある。

それらの専門領域ごとの議論をコンパクトに一つにまとめる形で、「ハイエク（政治哲学）入門」を書くことにそれほど大きな意味があるとも思えない。ある思想家・哲学者についての専門的な研究成果を分かりやすく紹介する入門書のようなものが無意味だと言いたいわけではない。そういう仕事は重要だし、私自身もそれらしきことはやっている。しかし、ハイエクに限って言うと、**あまりコンパクトに「まとまった像」を作り出さない方がいい**という気がする。

何故かと言えば、彼の議論はオチを予想しやすいからである。ハイエクという人が、計画経済を徹底的に批判した『隷属への道』という本の著者であり、八〇年代に英国やアメリカで展開された「新自由主義」的な経済政策に理論的な影響を与えたという予備知識を持っていると、論文や本のテーマを見ただけで、彼がどういうことを〝結論〟として言いそうか大体想像がつくし、実際、あまり期待を裏切らない。

無論、「ハイエクはフリードマンや新古典派、狭義のリバタリアンなどと根本的に考え方が違う」、と強調するハイエク専門家に言わせれば、オチではなく、そのオチに至る考え方のプロセスが重要になるということになるだろう。私自身も、ハイエクの魅力は、比較的シンプルなオチに至るまでに、「自由」の本質についていろいろ掘り下げて考えさせてくれる、**かなりユニークな思考法、文体**にあると思っている。ただ、様々な著作で主題ごとに少しずつ違った仕方で示されている、その思考スタイルの特徴を分かりやすく、まとまった形で表現するのは意外と難しい。「『自由』について真剣に考えないまま、惰性的に市場を擁護しようとする凡百の〝自由主義者〟と違って、『自由』の本質について深く考えさせてくれるのがハイエクだ！」、などと抽象的に指摘しただけでは、ほとんど何も言わないに等しい。

　専門家の中には、通常の自由論・自由主義論ではなかなか視野に入って来ない問題点を浮かびあがらせるために、（古代）ギリシア語などを利用して新しい言葉を作ったり、当たり前のごとく使われている言葉に普通とは異なる意味を付与したりすることで、異なる思考の可能性を示したことを指摘する人もいる。ハイエクの造語法や既成の言葉の再定義はなかなか興味深いので本書でも随時取り上げる予定である。

　しかし彼自身は、そうした独自の語彙が、完全にオリジナルなものだと主張するわけではない。むしろ、「自由」「経済」「法」に関連する現代の言葉がその本来の意味からずれているので、それを補正するために、あえて新しい言葉を導入するのだ、というような説明をするので、語彙にだけ注目すると、彼のユニークさはそれほどストレートに際立たない。また、そうした独特の語彙を、数学や論理学の概念のように、ぶれが出ないよう一義的に規定し、相互に組み合わせる形で、自己完結的な論理の体系を構築するということはやらない。ハイエクの言葉使いはかなり明晰だが、それは数学や論理学、あるいはそれらをモデルとする数理経済学などのそれとは違って、自らが設定した論理だけで「世界」を構成することを志向するものではない。

ハイエクは、自分に先行して〝同じような考え方〟を示していた思想家・理論家たちの――しばしば、彼自身のそれとは微妙に異なっているようにも思える――議論を適宜参照し、その意味するところを明確にすべく、彼独特の語彙を駆使する。「自由」をめぐる既存の議論の文脈に随時参入し、問題領域ごとに自らが依拠することのできるポジティヴな要素と、徹底して批判すべきネガティヴな要素を抽出し、それらを再文脈化して現代的な意義を与えることにすぐれた手腕を発揮するのが、ハイエクだ。**独特のタームによって「自由主義の思想史」をラディカルに読み替えていくところが、ハイエクの最大の魅力である**――と少なくとも私は思っている。しかし、参照している議論の文脈によってハイエクの用語法や論証のパターンが微妙に異なっているし、既成の自由主義思想を要約・批判している部分と、ハイエクのオリジナルな主張の境目が見極めにくいところが多々ある。そういうこともあって、ハイエク思想の「まとまった像」は描きにくい。

そのように思想史的な側面に重きを置き、文脈的に開かれた自由論を展開する点で、ハイエクは、現在、英米系の政治哲学の主流になっている、分析哲学的なリベラリズムの論者たちとはスタイル的に大きく異なっている。分析哲学系の政治哲学では、「自由」「価値」「正義」「権利」「選好」「福利」「効用」などの基本概念が――可能な限り曖昧さを排除する形で――厳格に定義され、論理式のようなものによって相互に一義的に関係付けられたうえで、数学でごく少数の公理から様々な定理を演繹的に導き出すのに似た仕方で議論が展開されていくことが多い。ロールズの正義論が典型的にそうであるように、最初に設定した概念装置と論証のルールをうまく組み合わせて、数学の数式操作のように鮮やかに——しばしば、常識とはかけ離れた——論理的に自己完結した「体系」を構築できるのが、すぐれた議論とされる。ロールズの論敵であり、狭義のリバタリアンの第一号と見なされることの多いロバート・ノージック（一九三八―二〇〇二）の正義論も、分析哲学的な論証の美しさを志向しているように思われる。[4]

そうした意味での論理的な美しさや、完結した「世界」の構築を追求しようとせず、むしろ、全てを単一の論理で把握し、それに基づいて「正義」を実現しようとする合理主義・設計主義的な思考から距離を取ろうとするハイエクは、個人的にかなりビッグ・ネームになったものの、**英米系の政治哲学のメインストリームの中では、やや異質な存在に留まり続けている**ように思われる。「法」、「市場」、「民主主義」、「正義」など、何となく共通理解が成立していそうな言葉の意味の古い層を文献学的に掘り起こし、そうした古層と、経済・政治・法をめぐる現代の哲学的論議のズレを浮き彫りにしながら、自らの立ち位置を徐々に明らかにしていく彼のやり方は、**ドイツ的な「解釈学 Hermeneutik」[5]の伝統を継承している**ようにも思える。

自らが拠って立とうとしている「知」の領域の概念的地盤を解釈学的に掘り返し、既成の概念の意味連関を変容・再配置化していく彼のやり方は、全く違ったタイプの思想家と思われがちの、同時代のドイツの哲学者ハイデガー（一八八九―一九七六）や、その弟子で政治哲学者のハンナ・アーレント（一九〇六－七五）に似たところがあるように――少なくとも私には――思われる。ハイデガーは、「存在 Sein」という最も基本的な言葉を始めとして、西欧哲学を支えてきた基本的な諸概念を再編しようとしたことで知られている。アーレントは「政治 politics」の意味を古代の「ポリス polis」にまで遡って再発見し、現代の「政治」的な諸問題の本質を――アリストテレス、カント、ヘーゲル、ハイデガーの枠組みを援用しながら――「哲学」的に考察する方法を開拓した[6]。

ハイエクとアーレントはいずれもドイツ語圏出身で、一九五〇年代から六〇年代にかけてアメリカで強い影響力を発揮した「政治哲学者」であり、マルクス主義を始めとする左派思想に抗して「自由」を擁護し続けたという、大きな共通点があるものの、「経済」と「人間」の関係についてかなり異質な見解を持っており、自然科学・科学哲学及びドイツ系の哲学に対する関わり方も異なっている。そのため両者の語彙にはかなりのズレがある。彼らがお互いに参照し合っていないということもあって、思想・哲学史の専門的な見地からは、両者の理論的接点はなかなか見出しにくい。ただその一方で、「自由」をめぐる概念の歴史を解釈学的に読み替えていくことを通して、偽りの〝自由主義〟を排し、「法」と不可分の関係にあるものとしての「自由」を理論的に擁護する筋道を付けていこうとする基本的姿勢はよく似ているようにも思える。

思想史を「戦略的」に書くとは？

本書では以下、そうした私なりの「ハイエク」観を前提として、ハイエクの「政治哲学」全体を、論理的にきれいに体系化されたものとして呈示するのではなく、先ほど述べたような意味で、**思想史・解釈学的な側面から把握することを試みる**。「自由」をめぐる基本的語彙の意味を解釈学的に探究、再定義し、不純物を除去していく、彼の「戦略的思想史」に焦点を当てる形で、ハイエクの「自由」観の特徴を明らかにしていくつもりである。この場合の**「戦略的」**というのは、客観的・価値中立的なスタンスを取り、あらゆる文献を網羅して厳密性を期そうとするオーソドックスな思想史叙述ではなく、**自らの問題意識に即したピンポイントの――別の言い方をすれば、自らの「自由」観を正当化することを明確に意識した――思想史を志向した**、というような意味合いである。

「思想史」に焦点を当てると、どうしても彼の「自由」観の原点になった、経済学プロパーの議論や、市場での知識の活用の問題などそれに準じた性格の議論、科学哲学的な議論は視野に入りにくくなるが、彼のように複数の分野をまたいで様々な論敵との間で論争し続けた多面的な思想家を概説的に論じるには、こうした意図的な省略は仕方のないことだと思う。無理に詰め込むと、どうしても中途半端な紹介になってしまう。

「(戦略的)思想史家としてのハイエク」という言い方をすると、コアなハイエク・ファンの中には、「独創的な思想家であるハイエクを、単なる整理屋に貶める不当な扱いだ!」と怒る人がいるかもしれない。そうした反応は恐らく、「思想史」に対する誤解に起因するものであろう。日本で「思想史」というタイトルが付いている本の多くは、有名な哲学者・思想家ごとにその理論のあらましを、キーワードを強調する形で簡単に紹介する文章を寄せ集めたものにすぎない。簡単に言うと、（主として大学の）授業用の教科書である。そういうのは、本格的な「思想史」研究の書ではなくて、マニュアル本である。初心者向けのマニュアルを基準に、「思想史」全体を価値の低いものと見るのはあまりにも浅薄である——もっと露骨に言うと、そういう見方をしている人は、「思想史」のマニュアル本しか知らない自分を恥じるべきである。

すぐれた思想史家は、独自の問題意識、方法論で、自分が関心を持っている領域の概念や言説の歴史を再構成し、かなり手あかがついている平凡で慣れ親しんだ言葉に、新しい意味を与え、新しい議論の地平を切り開く。ハイデガーやアーレントに限らず、独特な「思想史」を構成することによって、自らの主張の独創性を際立たせる哲学者は少なくない。「積極的自由」と「消極的自由」の区別で有名な英国の政治哲学者アイザイア・バーリン[7]（一九〇九－九七）やハイエクの友人であるオーストリア出身の科学哲学者カール・ポパー[8]（一九〇二－九四）などについても、思想史家としての仕事と哲学者としての仕事が表裏一体の関係にある、と言うことができる。

ハイエク自身、論文**「コントとヘーゲル」**（一九五一）の冒頭に近い部分で、相対立し合う思想体系が何らかの暗黙の前提を共有しているような場合、その前提を提供した理論を明らかにすることには、大きな意味があると述べている。

このような場合に、思想史は著しく実際的な意義をもった主題となる。それは明示的にそれと知られることなくわれわれ自身の思想を支配している多くの事柄を知る一助となりうる。それは、われわれの推論を規定している無意識的な要因を表面化する精神分析的操作の目的に役立つであろうし、また恐らくそれはわれわれをして自分たち自身の時代の問題に対して重大な誤りを犯させるような影響を、われわれの意識から払拭する助けともなるであろう[9]

この後の流れについて簡単に説明しておこう。ハイエクの戦略的思想史をテーマ領域別に、①設計主義批判、②自由主義の二つの系譜、③「ルール」概念を介しての進化論と伝統重視の融合、④「法」と「正義」の本来の意味の探究――の四つに分け、それぞれ一つの章を立てて議論を進めて行く。それぞれ密接に関連したテーマであり、いずれも複数のテクストにまたがっているので、はっきりと区分けするのは難しいのだが、このように区分けすることを通して、通説的な思想史記述や、他の理論家の「自由」観との対比で、ハイエクの独自性を際立たせられるのではないかと思う。

終章では、それらの四系統の考察をもう一度まとめる形で、「市場」と「法」と「自由」の三要素が一体不可分のものであることを思想史的に明らかにすることを試み続けたハイエクの自由論のユニークさ、現代的な意義について再考してみたい。

第*1*章

設計主義のなにが問題なのか？

『隷属への道』の批判のターゲット

序論で述べたように、オーストリア学派出身の経済学者として英国で教鞭を取っていたハイエクが、世界的に著名な「政治哲学者」になるきっかけとなったのは、第二次大戦中に刊行された**『隷属への道** The Road to Serfdom**』**である。

第二次大戦中にこのタイトルで刊行されたという事実からすぐに連想できるように、この著作はドイツのナチズムやイタリアのファシズムのような「全体主義体制 totalitarian system」を批判し、「自由」を擁護することを主題としている。問題は、二〇世紀において、自由な文明を脅かす全体主義体制が台頭した根本的原因についてどう考えるかである。この点についてのハイエクの見解は極めてクリアである。西欧世界において「自由」を支えてきた「個人主義 individualism」に対立する考え方としての〈collectivism〉、つまり「集団主義」もしくは「集産主義」が広がったことが、「全体主義体制」を可能にした、というのである。

「集産主義」というのは、個人の市場を中心とする自由な活動を制限し、生産体制を始めとして社会全体を組織的に管理・統制する仕組みを構築しようとする考え方である。[1] そうした「集産主義」の一般的イメージと合致するのは、ドイツやイタリアの「ファシズム」[2] よりはむしろ、共産主義社会の実現に向けて経済の計画化を進めるソ連型社会主義（＝スターリニズム）であるように思われるが、実際、ハイエクはそういう議論をしている。つまり、経済の計画化を進めるソ連は、「集産主義」という意味ではファシズムと同根であり、見方によっては、ファシズム以上に全体主義的傾向を持っている、ということである。

そして、ソ連とナチズム、ファシズムを同じ範疇に入れて批判するに留まらず、西欧的な自由社会の内部で密かに拡大しつつある「集産主義」をも批判のターゲットにしている。むしろ、そちらの方に主眼があるとさえ言える。第十三章のタイトルは、**「われわれの中の全体主義者」**である。

このように「個人主義vs.集産主義」という対立図式に基づいて世界情勢を分析していくハイエクの論法は、ファシズムとの闘いにおける連合国側の結束の重要性が強調されていた当時の英米の政治情勢にあっては、かなり挑発的であったように思える。ソ連や正統派のマルクス＝レーニン主義者たちだけでなく、穏健な社会民主主義や福祉国家論者なども敵に回しかねない議論である。

にもかかわらず、『隷属への道』が特にアメリカで大きな反響を呼び、彼が「自由」の擁護者としてジャーナリズム的にも大きく注目されるに至ったのは、ファシズムとの闘いの次には、「自由主義vs.社会主義」の対立が大きな政治的テーマになることを、多くの人が予感していたからかもしれない。ハイエクの議論は、**ファシズムと社会主義という真逆のように見える思想の共通の根っ子を指摘することで、新たな対立軸を鮮明にすることに寄与した**と言えるだろう。

実際、大戦が終わってすぐに、米ソ冷戦構造が生まれたことで、ハイエクの〝予言〟が当たった形になった――無論、ハイエク自身に近未来を〝予言〟するつもりなどなかったろうが。冷戦時代にあっては、社会主義とファシズムの共通性をいち早く指摘した『隷属への道』の議論は、自由主義体制擁護論の古典としての位置を獲得することになった。

ファシズム批判の類型

『隷属への道』の中身を具体的に検討する前に、当時のファシズム批判にはどのようなタイプのものがあったか簡単に確認しておこう。

ソ連共産党を中心とする各国の共産党の国際組織であるコミンテルンなど、マルクス＝レーニン主義陣営は、第二次大戦が勃発する以前のかなり早い時期から、ファシズムを危機に陥った資本主義社会に生じた反動の現われと見る議論を展開した。独占資本主義や帝国主義などで危機を脱しようとしてもなかなかうまくいかず、追いつめられたブルジョワジー（資本家階級）が、自らが作り出した代議制民主主義を無視し、暴力やデマゴギーなどの古い手段によって、プロレタリアートや他の革命勢力を抑圧するようになったのが、ファシズムという現象だ、というような理解である。[3]

マルクス＝レーニン主義陣営に言わせれば、資本主義＝自由主義経済こそが、ファシズムの母体であり、両者を克服して真に自由な社会を建設できるのは自分たちだけである。純粋なマルクス＝レーニン主義者ではなくても、社会民主主義的左派の中には、そうした見方をする論者が少なくなかった。[4] ハイエクとは、真逆の見方である。

同じマルクス主義的左派でも、精神分析や文化人類学の成果を取り入れて、西欧近代文明、あるいは、それを支えている「理性」自体を問題視するネオ・マルクス主義派は、資本主義というよりも、近代化の過程における伝統的な共同体の解体や諸個人のアトム（孤立）化、自然や人間本性からの疎外などに、ファシズムの原因を見ることが多い。そうした議論の典型が、ドイツにおけるネオ・マルクス主義的な社会科学者の拠点であったフランクフルト大学付属の社会研究所に所属していた社会心理学者のエーリヒ・フロム（一九〇〇―一九八〇）の議論である。ユダヤ系であったフロムは、ナチスの掌握に伴って亡命し、第二次大戦以降は主として米国で活動している。

フロムは、その著書『自由からの逃走 Escape from Freedom』（一九四一）で、ファシズムの原因を、資本主義経済の発達に伴って、伝統から解き放たれ、自らの責任で生きることを強いられた諸個人の不安に求めている。自由ゆえの孤独、無力感に苛まれた人たちは、命令を与え導いてくれる権威を求める、権威主義的性格を強めていく。第一次世界大戦の敗戦後の大きな混乱と不安の中にあったドイツにおいて、ナチスは、大衆の間で極度に高まっていた権威志向を利用して、政権を掌握した。しかし、同じような危険は、資本主義の発展と比例するように、人々の権威主義的性格が強まっている全ての西欧諸国にある。

フロムは、そうした傾向を克服して、真に自由な社会を建設するには、個人の創意や自発性を尊重し、政治への参加を促進すると共に、経済的には、合理的に組織化された計画経済へと転換することが必要だと主張する。彼は、官僚支配的な性格が強まっているソ連型の計画経済には反対するが、人々を自由への不安から解放するには、経済生活面での共同性・計画性は不可欠だと考える。言わば、非ソ連型の集産主義を志向しているわけであり、やはり結論的に、ハイエクと逆の立場である。

同じくユダヤ系ドイツ人で、ハイエクやフロムと同様に第二次大戦後アメリカで教鞭を取ることになったアーレントは、資本主義よりもむしろ、広い意味でのナショナリズムに、ファシズムもしくは全体主義の起源があるという見方を示している。政治哲学者としてのデビュー作となった『全体主義の起源』（一九五一）でアーレントは、近代化を進める西欧諸国が、英国人、フランス人、ドイツ人、といった文化共同体としての「国民 nation」を基本単位とする国家の再構築を進めていく中で、人々の間で「同一性（アイデンティティ）」意識が強まっていったことに注目している。

近代化に伴って、人々の生活・労働環境が大きく変化し、経済的・社会的不安定性が高まっていく中で、「国民」としての「同一性」が人々に安心を与えるようになった。具体的には、「国民国家 nation-state」として一体になっての経済成長や海外進出、個々の市民に対する権利保護や福祉が、幸福を約束するように見えた。そうした同一性意識の高まりの一方で、「国民」に属さない者たちを排除する傾向も強まり、反ユダヤ主義や人種主義思想が拡がった。西欧諸国同士の植民地獲得競争や、大衆社会化の進展によって、同一性を求める傾向が更に強まった。

そこに第一次大戦後の政情不安が加わったドイツでは、独自の世界観を掲げて人々を疑似宗教的に導こうとするナチスのような世界観政党が支持されやすい土壌が生まれた。ナチスは、同一性に基づく安心を求める人々の欲求を巧みに利用する形で、敵であるユダヤ人などを排除し、ドイツ民族の生存空間の拡張する政策を受け入れさせていき、その世界観が現実化したかのように見える体制を作り上げた。

ただし、アーレントはそれをドイツ特有の現象とは考えておらず、同一性の原理によって出来上がった西欧諸国は多かれ少なかれ同じような傾向があると見ている。特に、ソ連のスターリン主義体制は、マルクス主義というよりはロシア独特の宗教的世界観に基づいて、人々を「同一性」の原理で動員し、疑似宗教的に呪縛する全体主義体制である。アーレントの議論は、同一性を求める大衆と世界観政党の間の相互作用に焦点を当てており、経済政策における「集産主義」の浸透に焦点を当てるハイエクの議論とは、着眼点が微妙にズレているようにも思えるが、ソ連もまたナチス・ドイツと同根の問題を抱えているという結論は共有している。

これらの見方と比べてみると、ハイエクのファシズム批判の特性がある程度はっきりする。「ナチズム」あるいは「ファシズム」についての一般的なイメージからすれば、①資本主義、②ナショナリズム、あるいは③孤独なる大衆の不安のいずれかにその起源があるという主張は――その論証過程の緻密さは別にして――直感的に納得しやすい。ソ連を含めた「全体主義」の起源を論ずる場合、「資本主義」原因論は維持しにくくなり、その分だけ、ナショナリズムや、孤独なる大衆の不安のような、(西欧的な意味で) 近代化された国や地域全般に当てはまる現象に原因があるとする議論が、受け入れやすくなる。

それに対して、左右の全体主義体制だけでなく、西側諸国の社会民主主義者や福祉国家論者なども、「集産主義」という同じ範疇にくるハイエクの思想地図は、強硬な反社会主義・自由主義擁護の立場の人には受け入れやすいが、そうでない立場の人にはピンと来にくいところがある。自由主義諸国内の「集産主義」なるものが、それほど深刻なのかと疑問に思う人も少なくなかろう――冷戦を知らない世代の読者にとっては、ハイエクの主張は妄想的極論にしか見えないかもしれない。だからこそ、この本をきっかけにハイエクは〝自由主義者〟の間でも賛否が大きく分かれる、強烈なキャラクターとして知られることになったわけである。

見方を変えれば、「自由」に対する脅威を、「集産主義」というキーワードに集約させる自らの論法が、極論に見えてしまうことがよく分かっていたからこそ、ハイエクはこの著作の前後から、思想史的な仕事に力を入れるようになったのかもしれない。

集産主義の起源

ハイエクの言う「集産主義」とは、「自生＝自発的 spontaneous」な諸力から成る非人格的で匿名のシステムとしての市場を廃し、社会に存在する様々な力を「意識的 conscious」に管理・組織しようとする考え方である。[5]「市場」を重視する「自由主義」とは、基本的に相容れない。

少し用語解説しておこう。〈spontaneous〉というのは、その後のハイエク思想のキーワードになる形容詞で、計画によって意図的に生み出されたものではなく、自然と形成されてきたものであることを指す。「市場」は、諸個人の自由な活動によって自生的に形成されているシステムである。ハイエクは後に、「市場」に代表される、自生的に形成された「秩序」のことを、**「自生的秩序**

spontaneous order」と呼び、計画的に作られた組織体と対置するようになる。「自生的秩序」としての「市場」は、特定の誰かの意図に従って動いているわけではなく、それどころか、誰のどのような行為がどのような結果を生み出すか予測が付かないという意味で、**「非人格的 impersonal」**かつ**「匿名的 anonymous」**である。

ハイエクにとって「自由主義」というのは、各個人の自発的な管理されることのない努力を尊重する「個人主義」であると共に、そうした努力の結果として生まれてくる「市場」などの自生的な秩序を信頼する考え方である。逆に言うと、「集産主義」は、匿名的で、誰もその全体を管理していない「市場」というシステムでは安心できない、という前提から出発している、ということになる。

この「個人主義／自由主義⇔集産主義／社会主義」の対立図式を前提に考えるのであれば、それが生れてくる原因を、「自生（自発）的⇔意識（計画）的」をめぐる考え方の違いという側面から説明するハイエクの論法は、言葉の細かなニュアンスを別にすれば、ほとんどの人が大筋で受け入れることのできるものだろう——後にハイエクが「自生的」に形成される「秩序」の特性についてかなり細かく記述するようになると、異論の余地が大きくなるが、『隷属への道』の段階ではまだ、ハイエク自身の議論の中身もそれほど詰まってはいない。自生的に形成される匿名のシステムと、計画的に構築された組織のいずれを信用できるかという問いは、ほぼ不可避的に、「個人主義」か「集団（産）主義」の二者択一に繋がる。

無論、そもそも論として、［個人主義／自由主義⇕集産主義／社会主義］という対立軸自体の妥当性を問題にすることができないわけではない。自由主義と個人主義を結び付けることに大きな問題はないとしても、ナチズム（国民社会主義 Nationalsozialismus）までも含めた「社会主義」全般を、「集産主義」という言葉で特徴付けていいのか、という疑問がある。

マルクス主義や社会民主主義が集産主義的な傾向を示しているのは、経済を中心とした社会的な「平等」を達成するため、生産様式や交換過程を規制しようとしているだけであって、社会全体の計画化・組織化が（最終）目的ではないと見ることもできる。現に社会主義者の多くはそう主張する。マルクス主義が目指している「共産主義社会」は、国家権力も資本もない、完全に〝自由な〟状態にあって、人々が自主的に協力し合って、生産活動に従事する社会だとされているが、そうだとしたら、ハイエクの言う「集産主義」とかなりずれてくる。また、ナチスやイタリアのファシズムが集産主義的な体制を構築したのは、英米仏などの先進資本主義国に抗して、民族共同体の結束を維持し、経済的に繁栄させるためであって、経済の中央管理自体が（最終）目的ではない、と見ることもできる。

いずれの場合も、自分たちが目指すものを実現するための手段・方便として、過渡的に集産主義的なやり方を採用している、あるいは、採用しようとしているだけにすぎない可能性があるわけである。「社会主義」と「集産主義」の結び付きが本質的なものではなく、偶然的・過渡的なものだとすれば、ハイエクの描いた対立図式は深読みにすぎず、やはりファシズムと狭義の社会主義は、別の思想傾向なのではないかと思えてくる。そこで、「集産主義」の歴史的な根の深さ、起源を示すことを試みる、彼の思想史的アプローチが重要な意味を持ってくる。ハイエクは、「集産主義」を、自由主義思想の拡大・発展過程において生じてきた逆転現象として捉えようとする。

> 二百年以上にわたって、英国の思想、つまり自由主義は、東方へ向けて拡がっていった。英国において完成された自由のルールは、全世界に拡がり行く運命にあると思われていた。だが、一八七〇年ごろには、この自由主義思想の支配は、最も東の果てまで到達してしまうことになる。そしてそれ以来、この思想は退却を始め、これに代わるようにして、まったく異なる一連の思想――実はそれは新しいものではなく、きわめて古い思想なのだが――が、今度は東方から逆に拡がり始めた。英国はそれまでの政治・社会分野における知的指導力を失い、思想の輸入国へと転落してしまった。そして続く六十年にわたって、ドイツが思想の中心となり、やがて二十世紀の世界を支配することになるその思想が、東と西へと拡がっていった。[6]

ここから読みとれるように、ハイエクは、思想潮流の逆転は一八七〇年ごろのドイツにおいて生じたと見ている。ハイエクはここではあまり細かく説明していないので、私なりに歴史的背景を少し補っておこう。

一八七〇年代の「ドイツ」

高校の世界史の教科書などを確認すれば分かるように、一八七〇年というのは、プロイセンが、ナポレオン三世（一八〇八-七三）が率いるフランスとの戦争に勝って、中央ヨーロッパにおける優位を確立した年である。その翌年には、オーストリアを除くドイツ諸邦がプロイセンを中心に統一され、第二帝政が成立する。統一ドイツは、科学技術の振興に力を入れながら工業化を強力に推進し、英国のライバルになる。マルクス（一八一八-八三）の『資本論』の第一巻が刊行されたのは六七年であり、ヨーロッパの社会主義・労働者運動をリードすることになるドイツ社会民主党（ＳＰＤ）が結成されるのは七五年である。

第二帝政のドイツは、社会主義運動を弾圧する一方で、年金や保険など社会保障制度を整備して労働者の懐柔を図るようになる。一八七三年には、グスタフ・シュモラー（一八三八-一九一七）など経済学者を中心に、自由放任主義（レッセ・フェール）に反対し、社会福祉について研究することを目的とする社会政策学会が結成される。シュモラーは、新歴史学派の代表的人物であり、オーストリア学派のメンガーとの間で「方法論争」（一八八〇-九〇年代）を繰り広げたことでも知られている。

この「一八七〇年」[7]から二百年以上遡った時点から、英国で生まれた自由主義が発展し始めたとハイエクは主張しているわけだが、具体的に何を指しているのだろうか？　英国の自由主義の歴史の始まりというと、教科書的には一六八八年から八九年にかけての「名誉革命」が思い浮かんでくるが、それだと二百年に足りないので、もっと遡って、一六四二年から四九年にかけての清教徒革命の前後に当たるのではないか、と推測できる。

この点についてハイエクは、後に『**自由の条件** The Constitution of Liberty』（一九六〇）の中でより詳細に説明している[8]。そこでの記述では、清教徒革命そのものというよりも、革命に際して議会派の主張の源泉となった、臣民の諸権利の保障を国王に対して求めた一七世紀初頭の議会の動きに焦点が当てられている。特に、『権利請願』（一六二八）の中心的起草者であり、コモン・ロー（Common Law 慣習法）を体系化し、法の支配を国制上の原理として確立したとされるエドワード・コーク（一五五二－一六三四）の働きが強調されている[9]。

その後、一八世紀に入って英国が経済的に発展するのに伴って、古典派経済学や、市民的自由を根拠付ける道徳哲学が体系化されるようになる。ヒュームやスミスを始め中心的な論客の多くがスコットランド出身で、スコットランドを中心に活動したので、スコットランド啓蒙主義という。一九世紀に入ると、産業革命によって英国は更に繁栄し、自由貿易の推進によって社会改良しようとするマンチェスター学派が登場する。しかし、資本主義体制の下で労働者階級が形成されるにつれて、貧困対策や福祉を社会的正義として追求する社会主義的な思想が浸透し始める。

古典派経済学と古典的自由主義の完成者と見なされることの多い一九世紀半ばの思想家ミルは、自らは社会主義者にならなかったものの、社会主義的な問題意識に理解を示し、自由主義的な立場の知識人が穏健な社会主義へと移行する道を開いたことでも知られており、ハイエクもそのことに注目している。[10] ヘーゲルの影響を強く受けた哲学者のトーマス・ヒル・グリーン（一八三六－八二）は、個人の自由は、望ましい経済・社会的環境の下でのみ可能となるとの立場から、貧困、失業、健康、教育などの分野で国家が社会政策を行うべきだとする「社会的自由主義 social liberalism」の立場を取る。[11]

「一八七〇年」を機に、英国からドイツ・東欧の方向に向けての自由主義の輸出よりも、ドイツから英国への社会主義的な思想の輸入の方が上回るようになり、非自由主義・集産主義的な傾向の強いドイツ思想が、ヨーロッパ全体の思想地図を規定するようになるわけである。

その場合のドイツ思想というのは、労働者の権利擁護もしくは労働者階級の解放を目指す狭義の社会主義だけではない。（英国的な）自由主義経済の浸透、伝統や慣習、郷土愛などの破壊に抗して、文化的共同体としての「国民」を防衛し、保護主義的な政策によって国民単位での経済成長を図ろうとするナショナリズム的な思想もそこには含まれる。先ほど引用したところのすぐ後に続けて、ハイエクは「一八七〇年」以降の思想状況について以下のように述べている。

> ヘーゲルを取るかマルクスを取るか、リストを取るかシュモラーを取るか、ゾンバルトを取るかマンハイムを取るか、あるいは過激な形態の社会主義を取るか穏健な「組織化」ないし「計画」へ向けての運動を取るか、といった違いこそあるものの、ドイツの思想はあらゆる国々に

喜んで輸入され、その制度も模倣されるようになった。そういった新しい思想の大半、とりわけ社会主義は、ドイツで初めて考案されたのではないのだが、確かにドイツにおいて完成され、一九〇〇年をはさんでそれぞれ四半世紀の期間に極限にまで発展することとなった。(12)

ヘーゲルは現実のプロイセン国家を理性的なものとして擁護した哲学者であり、マルクスはそれを破壊しようとしたラディカルな左派の代表格である。フリードリヒ・リスト（一七八九―一八四六）は、歴史学派の先駆者と位置付けられている国民経済学者であり、保護関税や農業の大規模化などによってドイツの国民経済学を強化して、英国に対抗する戦略を提唱したことで知られている。シュモラーは、既に述べたように、後期の歴史学派を社会政策・社会主義的な方向へ誘導した人物である。ヴェルナー・ゾンバルト（一八六三―一九四一）は元々マルクス主義であったが、途中からナチスを支持するようになった社会学者であり、カール・マイハイム（一八九三―一九四七）は、ソ連型マルクス主義に対しては批判的なスタンスを取りながらも、社会主義的な理想は放棄せず、自由と計画の両立を追求し続けた社会学者である。**第十二章「ナチズムの基礎としての社会主義」**では、ゾンバルトなどの（元）社会主義が、ナチズムの基盤を提供したことや、正反対に見える二つの思想傾向が反資本主義・反自由主義・計画志向などを共有していたことが詳細に論じられている。(13)

右であれ左であれ、ドイツ思想は、個人の自由の更なる拡大を阻止し、集団的な計画・組織化によって、社会を制御しようとする傾向を持っている、というわけだ。ハイエクは、西欧諸国の知識人たちは、自分たちでもあまり気付かない内に、そうしたドイツ的な思考の土俵に載ってしまっている、と警告する。

集産主義の目指すもの

英国的自由主義とドイツ的集産主義を二項対立的に対置する思想史理解から分かるように、ハイエクは「集産主義」を、計画や組織化を自覚的に志向する一部の経済学者や社会学者の構想というよりも、**「一八七〇年」以降の西欧の思想史全般において支配的になりつつある反自由主義的・反個人主義的な底流として呈示しようとしている。**ファシズムも社会主義も、その底流が異なった形で現象化したものにすぎない。無自覚的に集産主義的思考に浸蝕されている人たちも少なくないはずである。

では、左右の立場の違いを越えた、反自由主義の底流としての集産主義には、どのような共通の特徴があるのだろうか。一言で言うと、**「ある決定的な社会的目標へ向けて、社会全体の労働を計画的に組織化」**[14] しようとすることである。この「社会的目標 social goal」をどこに振り向けるべきかの意見の違いによって、ファシズム、共産主義など違ったタイプの集産主義になるわけである。一つの目標の実現に向けて社会全体の労働と資源を全体的に組織化すべきだと考える集産主義は、各個人の目的が至高とされる自主独立の分野を確立し尊重しようとする自由主義・個人主義とはどうしても相容れない。

そうした社会的目標は、「共通善 common good」「一般的な福祉 general welfare」「普遍的利害 general interest」などの言葉で表現される。ハイエクに言わせれば、各人の「幸福」、それに基づく「利害」は様々に異なり、相互に対立している部分も少なくないので、社会あるいは国家全体としてどのような行動をしたら、「人々の福祉」を実現することになるのかそう簡単には決められない。にもかかわらず、集産主義は、全ての人のあらゆる種類のニーズをランク付けし、相互に適切に組み合わせることのできる単一の価値序列体系が存在していることを前提にして、人々の活動を統制しようとする。

そうした「完全な倫理的規範体系 a complete ethical code」が存在し、それに対して社会の全ての構成員が同意していない限り、人々の「普遍的な利益」を目標として社会全体を組織化することなどできないはずである。ハイエクの目から見て、集産主義を志向する人たちは、自分たちが拠って立つべき倫理的規範体系がもしかすると不完全かもしれないと、本気で疑ってみたことさえない。本気で考えてみれば、現実の我々の世界にある倫理的規範体系は穴だらけであることにすぐに気付くはずだ、というのである。

このように、「完全な倫理的規範体系」の不在を理由として、「集産主義」の不当性を指摘するハイエクの論法は、彼自身は明示的に語っていないものの結果的に、経済学の新たな分野として確立されつつあった「厚生経済学 welfare economics」に対する根本的な批判にもなっている。「厚生経済学」とは、英国の新古典派（ケンブリッジ学派）の経済学者ピグー（一八七七―一九五九）によって創始された、第二次大戦後、アメリカを中心に急速に発展した分野である。〈welfare（福祉＝厚生）〉の経済学であることを示す名称自体から分かるように、様々な財が人々にもたらす「効用 utility」は基本的に誰にとっても同じ性質のものであり、それゆえ、財の配分を通して各人が得るであろう欲望の充足（＝厚生）は計量可能であるという想定の下で、社会全体としての「厚生＝福祉」の最大化の方策を探求する学問である。[15] 効用という側面からの比較によって、価値の優先順位を客観的に決定できるということが前提になっているわけである。そのため、「最大多数の最大幸福」を政策的に実現しようとするベンサム流の功利主義（utilitarianism）と相性がよく、ピグーなども、功利主義の哲学者の議論を自らの理論の基礎付けのため随所で参照している。第二章で見るように、ハイエクは、各人の幸福の比較・計算可能性を前提にして「一般的な福祉」の促進を提唱する功利主義は、個人の自由を尊重する自由主義とは本来相容れず、むしろ集産主義に通じる考え方だと見なしている。

「抽象的なルール」と「社会的な目的」の対立

ハイエクは、全てのケースに適応可能で、万人を拘束するような「完全な倫理的規範体系」を想定することは、文明の進歩に反していると断言する。何故なら、今日までの文明の歴史は、個人の活動が固定したルールで縛られる領域が次第に減少する方向に進んできたからである。

われわれの共通の道徳的規範体系を形づくっている様々なルールはどんどん少なくなり、かつより一般的な性格のものになってきている。原始時代には、人は毎日の行動のほとんどすべてを複雑な儀礼によって縛られていて、無数のタブーに制限され、仲間と違うやり方で何かをすることなど思いもつかなかったわけだが、文明の発展とともに倫理的道徳はある範囲だけを決めて、その中では人が好きなように行動できるものになっていった。改めてこのように考えれば、単一の経済計画を決定できるほどに包括的な共通の倫理的規範体系を採用することは、まったく歴史の逆転に他ならないことが明らかになるだろう。[16]

第三章でまた見るように、**ハイエクは、人類の歴史は、細かな儀礼やタブーだらけで、人々の日々の行動が強く拘束されていた原始的な部族社会から、「一般的 general」なルールだけ定められていて、それに抵触しない範囲であれば、好きなように振る舞うことのできる、より自由な社会へと進んでいる、という歴史観を取っている。**逆に言うと、諸々の価値やニーズが完全に序列化され、単一の計画によって人々の行動が統制されている社会、集産主義的な社会を目指すことは、原始時代へと退行することを含意している。

多くの〝自由主義者〟は、文明の進歩に伴って、万人が納得し得るような単一の（合理的な）倫理的規範体系が徐々に形成されつつあると考えがちである。そう考えた方が、個人の自由の保障と、民主主義的決定に基づく――「一般的な福祉」を実現するための――統治を両立させやすそうだからである。しかし、ハイエクは、社会的なルールはより多くの自由を許容する、より「一般的」なものになりつつあり、単一性からはむしろ遠ざかっている、と見ている。

「ルール」がより一般的な性格のものになりつつある、という言い方をすると、それが、ハイエクが否定しているはずの「(人々の)一般的な福祉」を実現するための、包括的な規範体系に近づいているかのような印象を与えがちなので、やや紛らわしいが、ハイエクにとって「ルール」が「一般的」であるというのは、それがあらゆる想定される紛争や対立に解決策を提供してくれる、というような意味で〝一般的〟であるということではない。むしろ、**個別具体的なケースを離れて、抽象的な原則だけが決まっていて、その下でどのように振る舞うべきか各人の判断に委ねられている**、という意味で「一般的」なのである。むしろ、**「抽象的 abstract」**と言った方が分かりやすいかもしれない。ハイエク自身後に少し別の文脈で、こうした意味でのルールの「抽象性」について論じている[17]。

各人がどのような場面でどのように行為すべきか具体的に指定する、包括的で単一の倫理的規範は——文明化された社会には——存在せず、価値の尺度は個人の内にしかないとすれば、各人の価値や選好(preference)を最大限に尊重し、本人に自らが追求しようとする幸福、福祉の内実を決定させるしかない。それが、「個人主義」の考え方の核心である。だからこそ個人主義は、個人の自由を擁護する「自由主義」と必然的に結び付くことになり、「単一の価値序列体系↓普遍的な倫理的規範体系」を——明示的にあるいは暗黙の内に——前提として社会全体の〝一般的な福祉〟の推進を図る、各種の集産主義的な思考・戦略とは相容れない。

無論、ハイエクも「社会的な目的 social ends」を全く認めないわけではない。人々が協力し合って追求した方がいい目的があるのは確かである。ただし、それはあくまでも、各人がそれぞれの目的を追求するための手段として、共通の目的の達成に向けて協力し合うということであって、それが最終目的であるわけではない。そして大前提として、それを共通目的とすることに対する合意が不可欠である。

「国家」による計画化が招くもの

国家というのは、人々の合意に基づいて共通の目的を追求するための組織であるが、その活動は原則として、人々の自発的合意が成立している領域に限定されるはずである。そこで、民主主義的に選出された議会が、合意を確認する役割を果たすことになる。しかし、国家が生産手段や資源の大部分を管理することを前提とした、包括的経済計画がいったん立てられると、その計画を民主主義的に制御することが困難になる。何故なら、実際にそうした計画を実行しようとすると、それと整合するように、個人間の権利関係を定めた民法などの多くの関連する法律やルールを変更しなければならないし、先に述べたような、価値や選好の序列問題を解決しなければならなくなるからである。経済は、それぞれ異なった価値や選好を持つ人間同士の極めて多様な関係を含んでいるので、国全体に関わる計画を予定通り実行する前に、クリアしておかねばならない——そうでないと大混乱が生じるような——課題は膨大な数に上る。

人々は、国家が包括的経済計画を持つこと、及び、それを実行するための組織を備えることに漠然と合意するかもしれないが、そういう場合でも、その計画の下で、どのような権利関係や価値序列が形成されるのかについて具体的にイメージし、十分に納得したうえで合意したとは考えにくい。各人の価値や目的は多様であるので、計画を実際に実行してみないと、どういう個別具体的な変更や調整が必要になるのか分からないからである。しかしかといって、問題が出て来るたびに、議会で審議をするのであれば、いつまでたっても、本当の意味での合意を達成することはできず、計画は全然進みそうにない。国家が計画化を志向するようになると、民主主義は機能不全に陥る。

そうなると、計画を放棄するか、民主主義手続きを省略して、立法の権限を専門家の組織に委譲するしかなくなる。ハイエクは、その端的な実例としてドイツを挙げている。ドイツでは、ヒトラーが政権を掌握する以前から、議会から専門家組織への権限委譲と計画化がかなり進んでおり、単独で最終的な決断を下せる独裁者がいないと物事が先に進まない状態に既になっていた、という。ヒトラーが政権を掌握した後、ゼロから急ごしらえで集産主義体制を構築したわけではないのである。

計画主義者は、民主主義が計画の執行に対する最終的なコントロール権を保持していさえすれば、計画化社会になっても、民主主義の本質は変わらないと主張する。マンハイムは、『変革期における人間と社会』（一九四〇）で、議会主権によって各種の国家統制を制御する、民主主義的統制は可能であるとの見解を示している。しかし、ハイエクに言わせれば、それは目的について合意が出来ていて、細部の問題処理だけ委任すればいいような場合にしか当てはまらない。

次の三つの場合には、議会主権が計画当局を全面的に制御することは困難だ。①目的についての合意がないからこそ、委任が成されている場合、②計画を任された機構が、議会が気付いていないような形で相互に対立する複数の目的の内の一つを選ばねばならない場合、③計画者がどれだけ努力しても、全面的に受け入れるか拒否するかの二者択一という形でしか、議会に自らの計画を提案できない場合[18]。このいずれかの場合には、議会の役割は実質的に縮小して行き、最後は独裁者を選びだすことが唯一の役割となるかもしれない。

集産主義の教義によって経済体制が支配されるようになれば、民主主義は不可避的に自己崩壊の道を辿ることになる。無論、民主主義が個人の自由を保障すべく努力することを止め、経済の中央統制を推奨するのであれば、形式的に生き残ることは可能である。ハイエクにとって、民主主義はあくまでも、**恣意的な権力行使に抗して自由を保障するための手段であって、それ自体が究極の目標ではない**。集産主義を志向する民主主義は、自由を抑圧する恣意的な権力と化す恐れがある。

このようにハイエクは、一見極めて〝道徳的〟に見える「集産主義」が含意している暗黙の前提を明るみに出し、そこから予想される帰結を批判することを通して、それとの対比で、［個人主義―自由主義］の本質を徐々に明らかにしていく。文明化の流れを逆行させる野蛮な〝敵〟との対比で、自らの擁護する「自由主義」のイメージを徐々に肉付けしていく手法は狡猾である。

〝自由な社会〟に潜む集産主義

ハイエクの言う「集産主義」の特徴をもう一度整理しておこう。「集産主義」の起源は、自由主義的な競争に起因する経済的不平等や不確実さを除去するために、経済を意識的に計画化しようとする試みにある。その動機自体は、道徳的であるかもしれない。しかし、国家が全てを統制するための計画を一度決定すると、次第に計画が自己目的化・肥大化するようになり、民主主義を形骸化したうえ、個人の自由よりも、計画の実行主体である国家などの共同体の発展（≒共通善）を優先するようになる。

そうした集産主義の思想の母体となり、それを現実の政治においても実践してきたのが、一八七〇年以降のドイツである。ドイツでは、保守主義（右）と社会主義（左）の両極が反資本主義を共通項として暗に結び付き、それぞれの立場から、国家の計画による経済管理、国民全てが事実上公務員となるプロイセン的理念を推奨してきた。ヒトラー体制は、左右共同の集産主義路線の延長線上で出てきた。

［個人主義―自由主義］の国である英国は、集産主義的なドイツにとって最大の仮想敵であるが、ハイエクの見立てでは、当時の英国の代表的な知識人の中には、明示的なマルクス主義者や保守主義者でなくても、ドイツ的な発想をしている人が圧倒的に多くなっており、主流派を形成している。英国の知的雰囲気は、あたかも二十年あるいは三十年前のドイツ、つまり第一次大戦直後のドイツ

と同じような様相を呈している、という。

たとえば、第一次大戦の頃、政治的問題や社会的問題に関して世界の人々から典型的に英国的だと思われた人であればあるほど、いまでは母国の英国ではますます忘れ去られてしまっている、といってもほとんど言い過ぎではないほどである。あの当時、自由な英国の傑出した政治的叡智の模範として世界の人々に広く称賛されていた、たとえば、モーリー卿、ヘンリー・シジウィック、アクトン卿、A・V・ダイシーといった人々は、今日の世代にとっては、大半が時代遅れのヴィクトリア朝的人物だとみなされるようになっている。このような過去二十年間に発生した変化を最も明確に示してくれるのに、次の事実に勝るものはおそらくないだろう。すなわち、最近の英国の文献には、ドイツのビスマルクに対する同情的な討論は豊富だというのに、グラッドストーンの名前は、若い世代の人々によって、彼が抱いているヴィクトリア的道徳観や素朴なユートピア主義に対する軽蔑を伴ってしか、述べられることがほとんどない、という事実である。[19]

ここで列挙されている名前から、ハイエクがどういう思想家を「自由主義—個人主義」の擁護者として高く評価しているかが伺える。モーリー卿（一八三八―一九二三）は、ジャーナリストとして活動した後、国会議員（自由党）になった政治家・政治思想家であり、対外政策では帝国主義政策に反対し、内政面では、経済・社会生活への国家の干渉を徹底して批判した。労働運動が掲げる、労働時間や賃金水準などについての国家統制を、個人の自由を侵害すると共に、国家権力を増大させる政策と見做し、強く抵抗した。ヘンリー・シジウィック（一八三八–一九〇八）は、「ベンサム—ミル」の系譜に連なる功利主義系の倫理学者であるが、自由意志の問題に拘り、（個人の幸福を追求する）利己主義と（社会全体の幸福の増大を図る）功利主義を両立させる方法を模索した。アクトン卿（一八三八–一九〇二）は、自由主義の歴史を研究した歴史家・政治家で、民主主義的に樹立された政府が最大多数の幸福を目指すあまり、個人の自由を侵害しがちであることに警告を発し続けた。有名な「全ての権力は腐敗する。絶対権力は絶対腐敗する」を始め、自由に関する多くの格言を残しており、ハイエクもそれらを好んで引用している。ダイシー（一八三五–一九二二）は憲法学者であり、英国民の自由を歴史的・制度的に支えてきた二大原理としての「議会主権 Sovereignty of Parliament」と「法の支配 Rule of Law」を理論的に体系化したことで知られる。

　これらの思想家の共通要素を敢えて一言でまとめれば、「一七世紀以来の英国的自由主義（古典的自由主義）の伝統の継承者であり、議会改革を通じての国民の権利の保護を支持すると共に、（弱者保護や最大多数の最大幸福といった名目の下での）経済・社会生活への国家の過剰な干渉に警鐘を鳴らした人たち」、ということになるだろう。こうした彼らの考え方や実践は、「グラッドストーン自由主義」と呼ばれる、グラッドストーン（一八〇九–九八）を党首とする自由党（ホイッグ党）の基本的ドクトリンと一致していた。グラッドストーン自由主義は、政府支出の削減と減税、経済への介入の抑制、自由貿易、制度改革を通しての機会均等の促進などを特徴とした。

英国知識人の集産主義への傾倒――カーとラスキ

しかし、二〇世紀に入って労働党が台頭し、自由党も福祉政策重視・介入主義の方向に舵を切るようになると、引用の中でハイエクが述べているように、グラッドストーン的自由主義は、時代遅れ扱いされるようになり、代わって、むしろビスマルクにシンパシーを抱くような集産主義的な知識人たちが主流派を形成するようになる。『隷属への道』で、ハイエクが、そうした文脈の中で明らかに批判的に言及している人たちの中には、社会主義的な知識人の運動団体であるフェビアン協会の中心的メンバーであったウェッブ夫妻（シドニー（一八五九－一九四七）、ベアトリス（一八五八－一九四三））や、ＳＦ作家で、フェビアン協会の会員でもあったＨ・Ｇ・ウェルズ（一八六六－一九四六）など、当時の英国を代表する著名人も含まれている。

そうした左派知識人の中でも、英国においてドイツ的理念を拡大するうえで最も大きな役割を果たしている人物としてハイエクが特に注視しているのは、ロシア革命の研究や歴史学の方法論で知られる、歴史家・国際政治学者で外交官でもあったＥ・Ｈ・カー（一八九二－一九八二）と、多元的国家論の立場から出発して次第にマルクス主義に傾倒していった政治学者のハロルド・ラスキ（一八九三－一九五〇）である――ラスキは、ＬＳＥでハイエクの同僚だった。[20]

カーは、国際政治における「力」の重要性を強調するリアリズムの立場を説き、その後の国際関係論に大きな影響を与えることになった『危機の二十年』（一九三九）で、英国を中心に発展した［自由主義―個人主義的］な思想と、それと結び付いた「抽象的な一般原則」に基づく道徳を、一八世紀に生まれた「ユートピア思想」として、時代遅れ扱いしている。どうして自由主義がユートピア主義なのかと言えば、『諸国民の富』（一七七六）におけるアダム・スミスの自由放任主義的な議論に代表されるように、諸個人の利己的で自由な利益追求が、共同体全体の利益と自然と一致するという前提に立っているからである。国際関係においては、それは、自由貿易を通して国際的分業を進めることによって、国家の利益と世界の利益一致が自然と調和する、という予定調和的な議論になる。[21] そういう風に自由主義と世界平和を自明の理のごとく結び付けてきた従来のユートピア主義を排除しようとするのが、カーのリアリズムである。

カーはそのように英国的な自由主義を批判的に見る一方で、ヘーゲルやマルクスなどによって開拓された、彼が「リアリストの『歴史学派』"historical school" of realists」と呼ぶところの思想潮流を高く評価している。「リアリストの『歴史学派』」というのは、現在の政治のリアリティを生み出した歴史の発展の法則、言ってみれば、歴史の因果法則を探究する学派ということである。[22] 西欧のいかなる国の、いかなる思想部門も、一九世紀半ばから後半にかけてこの学派の影響を受けなかったものはなかった、という――こうした思想史の現状認識は、ある意味、ハイエクのそれと一致している。

人類の歴史が最終的な完成に向かって進んでいることを予見するヘーゲルやマルクスの歴史哲学がリアリズムで、英国流の自由放任主義がユートピア主義であるとするカーの議論は――少なくとも、冷戦崩壊以降の時代に生きる日本人にとっては——少なからず違和感を抱かせるものである。どちらかと言うと、逆のような気がする。どういう意味で、ヘーゲルやマルクスはリアリストなのか？

カーの説明によると、ユートピア主義＝自由主義も、リアリストの歴史学派も、歴史の「進歩 progress」を前提にしている。違うのは、ユートピア主義が、「進歩」を前提にしながらも、各人に内在する普遍的理性に基づく一般的な倫理基準の存在を信じているのに対し、リアリストは、「正義 right」や「権利 rights」は歴史の発展過程の中で、現実の力関係を反映しながら進化し続けている、という相対主義的な見方をしていることである。後者は、現在の我々の道徳感覚を絶対視せず、むしろ、そうした感覚を生み出した現実の力・利害関係、環境、その歴史的進化の過程を客観的に分析したうえで、自らが進化で勝ち残るのに最もふさわしい政策を選択する。

このように自由主義的な「正義」や「権利」を相対化するだけに留まらず、カーは、古典派経済学＝自由放任主義によって推奨された、経済を独自の法則を備えた自然な秩序と見て、国家の政治システムと切り離して考える思考法や、国家による思想統制を批判し、意見表明の自由を重んじる考え方も否定する。[23] これらの考え方は、一九世紀的なユートピア主義＝自由主義の幻想の産物であり、現代においては、国家の力と経済の発展は不可分な関係にあることや、人々の意見を支配する力を持つことが国家戦略の不可欠の要因であることが明らかになりつつある。

ハイエクに言わせれば、**「国家」から独立に営まれる「経済」をはじめとする社会的諸システム**

の自律性を否定し、「社会」全体を国家の管理の下に置こうとするドイツ的な考え方をリアリスティックなものとして肯定的に評価するのは、全体主義的な発想である。ハイエクは、カーの議論が、全体主義モデルに接近していると指摘する。(24) 実際、カーは『危機の二十年』や、『平和の条件』（一九四三）で、ナチス・ドイツやソ連が、リアリストの政治によって一定の成功を収めていることを評価している。カーの反自由主義的な思考の帰結を、ハイエクは以下のようにまとめている。

> フリードリッヒ・リストに始まる、「『自由貿易』は十九世紀における英国の特殊利益によってだけ、しかもこれにとって妥当な限度内においてだけ、至上命令とされた政策であった」というドイツの命題を、教授［カー：引用者注］は引き継ぐことさえしている。それにしても、いまでは「ある程度の自給自足経済を政策的にこしらえ出すことは、秩序ある社会的存在にとっての不可欠な条件である」。これに対して、「『貿易障壁を排除すること』によって、ないしは十九世紀の自由放任主義の諸原則を再興させることによって、……もっと広汎に広められ一般化された世界貿易への回帰」を実現することは「考えられないことだ」という。人類の未来は、ドイツが主張している種類の「広大な地域にわたる管理と統制」にこそある。つまり人類の将来とは、「ヒットラーが着手したような、欧州の生活に対する計画的な再組織化によってだけ勝ち取られるものとわれわれが期待する、最終的な結果なのだ」、というのである！(25)

カーのような歴史哲学的なリアリズムと並んでハイエクが思想的に危険視するのは、**国家による産業の独占的組織化を望む英国内の労働運動の動向**である。労働運動は本来、あらゆる特権（privilege）に対して闘いを挑み、より正義に適い秩序立った社会（a more just and orderly society）を創出しようとする運動のはずだった。しかし、現代においては、労働運動の中で、国家の保護の下での独占体を形成しようとする――つまり特権を得ようとする――資本家たちと共同歩調を取る動きが顕著になりつつある、という。

　労働運動が独占体を支持するようになったのは元々、社会主義の反競争主義的な教義の影響を受け、独占企業体の下で働いた方が労働者の権利が守られると考えるようになったからかもしれない。しかし、いったん、独占企業が生まれ、労働側の一部のグループがその利潤を企業側と分かち合うようになると、彼ら自身も特権階層の一部になる。そして、組織化されていない産業で働いている人たちや失業者など最貧困層を犠牲にして、自らの既得権益（vested interests）を守ろうとするようになる。既得権益層と化した「労働組合」は、全ての働く人に自主独立と自由を保障してきた、市場の秩序を破壊し、少数者による支配体制を構築することに邁進し続ける。[26]

　英国の労働党は――第一次大戦直後の、ドイツの社会民主党がそうであったように――まさにこの方向に歩み出している。ハイエクは、特に、かつて労働党の幹部であったラスキの言動を注視する。ラスキは、戦時（第二次大戦）中に国家の諸資源を総動員するために取られた政府による管理・統制を、戦後も継続するように主張している。彼は、英国が「平衡の取れた経済 balanced economy」を運営するよう要求しているが、ハイエクに言わせれば、それは生産の中央集権的管理を要求しているのと同じことである。[27] 今や、進歩的勢力の代表になっている労働党や、ラスキのような指導的知識人が、かつてのドイツ社会主義勢力と同じような路線を取っているのは、英国の自由主義の伝統にとって大きな脅威である。

集産主義とテクノクラシー

集産主義は、単に、市場での競争を通して形成される秩序への不信感というネガティヴな要因からのみ生まれてきたわけではない。我々の経済活動を支えている各種のテクノロジーの――歴史発展の客観的法則に基づく――進歩によって、競争が次第に排除され、独占傾向が強まっている、という想定が、集産主義を支持する〝有力な〟論拠になっている。

それは、以下のような論理である。高度のテクノロジーを駆使する近代的生産方式を導入して、単位当たりの生産コストを低く抑えることに成功した大企業は、(効率の良い大量生産方式を取りにくい)小企業よりも有利になり、他の企業を淘汰して、自然と独占状態に近づいていく。独占を達成した大企業は、必然的に、自己の組織の論理に従ってその産業分野全体の生産体制を組織化・管理するようになる。それは実質的に、国家としての計画化とほぼ同じである。

ハイエクに言わせれば、テクノロジーが不可避的に競争を排除するというのは、経験的なデータによる裏付けがなく、論理的にも厳密に証明されていない、粗い議論であるが、集産主義者たちは、ドイツの産業界の再編をモデルにして、これを正当化しようとする。ドイツでは、一八七八年以降、国家の計画的な政策によって、カルテルやシンジケートの拡大が進められ、政府が価格や販売量を調整できるような高度の独占体制を形成した。また、「科学的計画化 scientific planning」や「産業の意図的組織化 conscious organisation of industry」が実際に試みられ、一定の成果が収められた。ドイツの社会主義理論家ゾンバルトなどは、この特殊ドイツ的な経験を、テクノロジーの発展の必然的帰結として、理論的に一般化した[28]。

集産主義者たちは、このように［独占→計画化］の必然性を説く一方で、現代の産業文明が極めて複雑化し、都市問題などが生まれているので、それらを有効に解決するには中央での計画化しかないことや、すぐれた技術を持つ企業体が市場での競争に煩わされず、技術革新に集中できるよう独占権を授与し、消費市場を強制的に画一化することも必要だと主張する[29]。

ハイエクからしてみれば、テクノロジー進化に伴う［独占→計画化］の流れが必然的であるのだとすれば、人為的・政策的に計画化を進めることなど不要のはずであり、おかしな議論である。特に技術革新のための独占化論については、すぐれたテクノロジーによってすぐれた製品を安いコストで生産できる企業であれば、国家が干渉しなくても、市場での競争に勝ち残り、すぐに独占を達成し、その帰結として、市場をコントロールするようになるはずだ。競争を排除しなければならないという主張は、当該企業による技術革新の有効性を信じてないことを暗に示唆している、とさえ思われる。

結局のところ、ハイエクの立場からすれば、**市場における価格の変化という形で現われてくる自由競争の帰結を見ない限り、どのような技術が本当にすぐれているのか分からない**。一九二〇年代から三〇年代にかけて展開された社会主義経済計算論争で、ハイエクや、同じオーストリア学派出身のミーゼス（一八八一―一九七三）が主張したように、消費者にとって最適の商品を最も効率的な仕方で生産しようとすれば、考慮に入れるべき情報があまりにも膨大にあり、それを中央の計画者が単独で計算し解を導き出すのは無理であり、市場の価格調整機構に委ねるしかない[30]。

にもかかわらず現代では、多くの技術的専門家（technical experts）たちは、自分たちの思い描く技術的理想こそ、人類が目指すべき唯一の理想であるとの幻想を抱いている。しかも、その幻想は狭義の「専門家」だけのものでなく、社会の中でかなり流布した考え方になりつつある[31]。自分の理想を絶対視する専門家たちが、政策決定できる立場に近づく時、それは単なる幻想ではなくなる。

こうした専門家の理想が、公正な社会の実現を目指す政治運動に取り入れられる時に、集産主義的な思想潮流が形成される。両者の結び付きについてハイエクは、**『科学による反革命』**（一九五二）で歴史的な考察を加えている。この著作の**第一部「科学主義と社会の研究」**では、一九世紀前半以降の社会科学の形成過程において、物理学や生物学を「科学」の標準と見なし、それを真似ようとする**「科学主義 scientism」**的な傾向が社会や経済の研究者の間で強まったことが指摘されている。

科学主義の下で、人間の個人としての、あるいは集団としての行為や、行為に関する人間自身の理解も、自然科学的な用語で説明することが試みられるようになった。「社会」「経済」「資本主義」「産業」「階級」「国」などの「全体 wholes」が、明確に与えられている対象として扱われ、それらの対象の動きを観察することで、いくつかの「法則」を発見することができると見なされた。社会科学の認識・方法論における「集団主義 collectivism」が生まれてくるわけである。[32]〝集団的行動〟としての社会現象を観察すれば、そこから物理学や生物学の法則と似た性質の、普遍的な法則が発見されるということが前提にされたのである。「社会学」の創始者とされるコント（一七九八―一八五七）は、そういう傾向を強く持っており、その後の社会科学の方法論に強い影響を及ぼし続けた。

集団的現象が自然科学のように、普遍的法則に従って生じているとすれば、物理学や化学の法則を利用した技術を開発できるように、社会科学の法則を利用し、社会過程を「意識的 consciously」に指導し、社会全体を計画的・合理的に組織化することもできるのではないか、という発想が生まれてくる。[33]そうした〝法則〟の技術的応用に際しては、自然科学の場合と同様に、「専門家」が主導的な役割を果たせるのではないか、と考えられる。そうした応用への欲求は、統計的数値を扱うことが多い経済学では特に強くなる。

> 社会現象の意識的統制にかんする理念は経済学の分野に最大の影響を及ぼしてきた。現在の「経済計画」の人気はわれわれが論じてきた科学主義的考え方の普及に直接起因する。この分野ではこの科学主義的理念は応用科学者および、とりわけ技術者が取り扱う特殊な形を通じて

表明されているので、この影響については技術者特有の理念にかんする若干の吟味と結びつけてこれを論ずると好都合であろう。社会組織の問題にかんする最近の幾つかの見解に対する技術者の工学的取り組み、あるいは技術者的見地の影響は、一般に知られているより遥かに大なるもののあることがやがて明らかになるであろう。初期ユートピアから近代社会主義に至る、社会の完全な改造計画の大部分にこの影響は実に明確に刻印されている。社会問題の解決に工学的技術を適用しようとするこの熱望はこの数年来非常に明確化してきた。「政治工学」とか「社会工学」が流行語となっており、「意識的」統制に対する好みと同様、これらの言葉は現世代の見方の完全な特徴を表わしている。[34]

この箇所から読みとれるように、ハイエクは初期ユートピア主義に始まる「社会主義」は、**社会科学的な普遍法則に基づいて社会を合理的に改造しようとする科学主義・工学的な欲望に支えられて発達した思想**と見ているわけである。科学主義が生み出した「集団主義」的な社会理解を、実践の思想としての社会主義が継承し、その世界観の基礎にしているとすれば、社会主義が経済に関して「集産主義」的になるのは、ある意味当然のことである。

実証主義の系譜①――サン＝シモン

『科学による反革命』の**第二部「科学による反革命」**では、フランスの啓蒙主義・革命期の知識人たち、具体的には、『百科全書』を編集した数学者のダランベール（一七一七?-八三）、重農主義の経済学者テュルゴー（一七二七-八一）、数学者でフランス革命の指導者の一人だったコンドルセ（一七四三-九四）等にまで遡って、社会現象を抽象的・理論的に把握する思考の系譜を思想史的に辿っている。彼らは物理学や数学の知見を、複数の人間の行為の帰結として生じて来る社会現象や歴史の発展に応用しようとし、更にはそれを自分たちの政治的実践の原理にしようとした。

コンドルセは革命期に教育改革に向けての提言をしたことで知られているが、彼のイニシアティヴによる改革で、古典語や宗教・道徳に代えて、物理学、数学、化学、生物学、工学などの理工系教育が中・高等教育の中心に置かれるようになった。一七九四年には、理工系エリート養成のための高等教育機関として理工科学校（École polytechnique）が創設された。理工科学校などで学んだ知識人の間では、社会の在り方を研究するのに不可欠であるはずの歴史、文学、言語などを学ぶことよりも、自然科学的な思考法を身に付けることが、「社会」の法則を探求するうえでより重要であるかのように見なす風潮が生まれてきた。

ハイエクは、ユートピア主義的な性格の強かった初期社会主義として知られるサン＝シモン（一七六〇-一八二五）の動向に注目する。サン＝シモンは、自らは自然科学を体系的に学んでいないが、理工科学校の教授や学生と親しく交流し、科学主義的な確信を深めていく。最初の著作『ジュネーヴの住人から同時代人への手紙』（一八〇三）では、数学者、物理学者、化学者、生理学者などからなる「ニュートン評議会」の創設を提案する。この評議会は、世界中の人々の精神を指導して、宇宙を支配している唯一の法則を理解させると共に、財産所有者と労働者の間の利害対立を調停すべく、社会全体を計画的に組織化し導く役割を果たす機関として想定されている。

　こうした自然科学中心の彼の考え方は、銀行家や産業家の支援を受けて雑誌『産業』を編集することになり、雑誌を中心に一つの知識人グループを形成するようになってから、「産業者 industrialist」に優位な形で社会を再編・組織化するという発想に次第にシフトしていくことになる。しかし彼が、所有権の保障や個人の自由よりも、再組織化を優先すべきだとの見解を表明するようになったため、当初彼を支持していた自由主義者たちの多くが離反することになる。

　彼自身の著作である『組織者』（一八一九－二〇）では、科学者、技師、産業家などを核とする政治機構の設置と、その管理の下で社会全体の生産体制の組織化を提言する。『産業体制論』（一八二二）では、現存の代議制議会は、相互に対立する諸目的の共存を許容するものであり、反科学的・反産業的であるとして、単一的な権力が国民の諸力を一つの目的に集中させる体制が必要であることを強調する。『産業者の教理問答』（一八二三）ではこの考えを更に発展させ、産業家たちを一つの大きな同業者組合へと組織化し、彼らに公共財産の管理、予算編成、行政全般を委ねる、管理的または産業的体制（le régime administratif ou industriel）を構想している。

　ハイエクから見て、サン＝シモンの思想にはいろいろ矛盾があり、決して体系化されていなかったが、彼の死後、その友人や弟子たちの間で、産業を計画的に組織化し、社会全体の利益の促進を図る「サン＝シモン主義」の運動が形成され、フランス以外の西欧諸国にも影響を拡大していく。

英国ではミルが強い影響を受けており、サン＝シモン及びサン＝シモン主義者経由で社会主義的傾向を持つに至った。[35] フランス以外でサン＝シモン主義が特に深く浸透したのは、ドイツであった。ハイエクは、一八三〇年代に青年ヘーゲル派（ヘーゲル左派）が正統なヘーゲル哲学から離反し、社会主義へと傾斜していった主要な原因の一つに、サン＝シモン主義の影響があったと見ている。[36] サン＝シモン主義の影響を受けた青年ヘーゲル左派の中に、マルクスやエンゲルス（一八二〇－九五）も含まれている。ドイツの初期社会主義運動の指導者で、「夜警国家」論で有名なラッサール（一八二五－六四）も、サン＝シモン主義の影響を受けていたことが知られている。

実証主義の系譜②——コント

また、サン＝シモンとコントとの繋がりも重要である。理工学校出身のコントは一八一七年から二四年にかけて、サン＝シモンの秘書を務めており、『産業者の教理問答』の第三分冊を執筆している。サン＝シモンが自らの構想を宗教化し始めたために、コントは最終的に離反することになるが、後者の、文明の進歩と社会組織の発展をパラレルな関係にあるものと捉える歴史観は、前者から継承したものである。『産業者の教理問答』でコントは、人類の集団的発展法則を探究する、生理学（physiology）の一部門としての「社会物理学 Social Physics」を提唱している。その後の彼の「社会学」は、この時期の「社会生理学」の構想を発展、精緻化したものである。

　コントについてハイエクは特に、その「実証主義 positivism」的な学問観を問題にし、『実証哲学講義』（一八三〇－四二）に即して、その問題点を洗い出している。「実証主義」というのは簡単に言うと、先に述べたように、物理学、化学、生物学などの自然科学が既に到達している、実証性を基準にし、それを社会現象の研究にも応用しようとする方法論的な態度を指す。生物学が有機体を分析するのと同じような方法を、人間の集団的な振る舞いや意識の研究に応用しようとする実証主義は、「集団的有機体 collective organism」を想定し、その発展や運動の法則を自然科学と同じようなやり方で解明できると主張する。

ハイエクは、人類の知と、それに対応する社会的諸制度の——自然科学的な法則に基づく——発展史を描き出し、将来的にどのような社会組織が登場するか、あるいは登場すべきか予測する、コントの〝実証主義〟的な議論の根本的な矛盾を指摘する。人類の将来の発展の仕方まで実証的に予測できるということは、その予測を行っている主体が、人類が現在到達している知の水準を既に超えていることを含意している。いかにしてそのような超越的な見地まで一挙に飛躍できるのか？

> 個々の意識の成長のみならず人類全体の知識の発展法則を認知しうるというこの考え方は、言うなれば人間意識が自らをある高い段階から眺め下すことができ、また内部からその働きを理解しうるのみならず、言わば外部からもそれを観察できるということを想定している。特にコントの形態でのこの主張の奇妙な点はこうである。この主張は、一個人の意識が獲得しうるものより個々人の意識の相互作用の方が、ある意味で優れた何ものかを生み出すことを明示的に

おきながら、こうした発展を把握する力、ならびにこの発展を促す原理およびこの発展が従わざるをえない筋道を認識する力のみならず、この発展を統制し、それ故統制されていない働きに改良を加える力をも、この同じ個人的意識に要求しているということである。[37]

ここでハイエクが明確に指摘しているように、ある個人の単独の知や意識よりも、諸個人間の相互作用を通して生み出される集団的な知や意識の方がすぐれているとしながらも、ある特定の個人が、人類全体の集団的な知と意識の現在の水準を超えて、人類の発展の方向性を予測でき、なおかつその本来の方向性に沿っての発展を促進すべく、歴史の流れをコントロールできるかのような語り方をすることは矛盾——現代思想風の言い方をすれば、「遂行的矛盾」——である。こうした発想は、人類が自らの発展の方向を、自分の意志によって統制できるという、**「近代の傲慢 modern hybris」の端的な現われ**に他ならない[38]。更に言えば、人類の発展の方向性を実証的な知に基づいて予見することのできる、科学者や技術専門家などの視点を特権化する、社会主義的な考え方ともつながっている。

ハイエクは、人類の歴史の発展の法則を、その「外部 outside」から客観的に観察し得るかのような想定の下に歴史や社会を全体的に語る、「歴史哲学」の傲慢の元凶として、コントとヘーゲルを挙げている。「序論」で言及した論文「コントとヘーゲル」——『科学による反革命』に第三部として所収——は、この視点から両者の共通性を論じたものである。ドイツにおいて、ヘーゲル主義とコント的実証主義（＋サン＝シモン主義）が合流し、ドイツ的な歴史哲学の源流が形成され、そこから、マルクス主義や経済学における歴史主義が生まれてきた、というのがハイエクの思想史的見立てである。

一九六〇年代半ば以降のハイエクは、こうした社会全体を合理的に（再）設計しようとする思想の系譜あるいは傾向を、**「設計主義** constructivism**」**と呼び、自らが擁護する［自由主義―個人主義］と対置するようになる。論文**「設計主義の誤り」**（一九七〇）では、設計主義を「人は自らが社会と文明を創造したがゆえに、自らの欲求や望みを満たすよう思いのままに制度を改変することができるはずだ[39]」、とする考え方として定義し、その弊害を指摘している。後期の主要著作**『法と立法と自由』**（一九七三―七九）でも、設計主義と「自由のための法」との対立を軸に議論が展開されている。社会発展の基本的方向を思い通りにコントロールしようとする、戦略的な思想史家としてのハイエクにとって、西欧近代思想に浸透している［集団主義―集産主義―設計主義］との対決は、一貫して変わらない課題であったと言える。

第2章

自由主義の二つのかたち

二つの個人主義

第二次大戦後のハイエクは、「集産主義（設計主義）」の浸透から「自由主義」を擁護するだけに留まらず、通常は〝自由主義〟に分類されている思想の中にも、集産主義的な要素が入り込んでいると見て、そうした不純物を仕分けすることに関心を向けるようになる。その最初の現われが、一九四五年十二月にダブリンで行った講義を文章化した論文**「真の個人主義と偽りの個人主義」**（一九四六）である。先に『隷属への道』に即して見たように、ハイエクにとって自由主義と個人主義は不可分の関係にある。

タイトルから分かるように、彼は「個人主義」には真のものと、偽りのものがあると見て、それを区別しようとしている。どうしてそうする必要があるのかというと、〝個人主義〟の名の下に、個人の自由を抑圧することになりかねないからである。

その区別を行うには、まず（ハイエクにとっての）「個人主義」の意味するところを明確に定義しておく必要がある。『隷属への道』では、個人主義は、利己主義（egoism）や自己中心主義（selfishness）と結び付けて語られることが多いが、自分が論じている「個人主義」はそれらとはいかなる必然的関係もないとは述べているものの[1]、積極的な定義は与えていない。先に見たように、「集産主義」との対比で、「個人主義」的な考え方の利点や特性を述べるにとどめている。

「真の個人主義と偽りの個人主義」のハイエクは、**「個人主義」は「社会の理論** a theory of society[2]**」**

であると明言し、それを起点として、彼独自の個人主義論を展開している。「社会の理論」という表現は、①孤立して自足的に生きている人間ではなく、「社会」の中に生活し、「社会」によってその本性と性格が規定されている人間を問題にしていること、②第一義的には、分析のための「理論」、あるいは方法的な視座であって、分析の帰結として導き出される政治的格言は二義的なものにすぎないこと、という二つの側面を含んでいる。この二つの側面を強調することによってハイエクは、「個人主義」を、利己主義を肯定する政治的なイデオロギーと見なす通俗的な見解を否定し、「個人主義」を再定義しようとしたわけである。

「個人主義」を「社会の理論」として性格付けようとするハイエクは、［集産主義―社会主義］陣営の批判から「個人主義」を擁護するだけでなく、**新古典派的な個人観から距離を取ろうとしている**と見ることもできる。新古典派系の経済学では、（周囲の他者の存在とは関わりなく）ひたすら自分自身の私的利益を最大化しようとする「合理的経済人」としての「個人」を想定する傾向があり、それを「方法論的個人主義 methodological individualism」と呼ぶことがあるが、個人の振る舞いを規定する間主体的な関係性としての「社会」を重視するハイエクの「社会の理論としての個人主義」は、それとは異なったニュアンスを持っている。[3]

（ハイエクの言う）「個人主義」は、諸個人が他者に向かってどのように行為し、他者の振る舞いについての予想にどのように導かれるかに関心を向け、解明しようとする。つまり、社会を分析するに際して、個人の行為や思考を基準にする。それだけだと、あまりにも当たり前の話なので、何故わざわざ「個人主義」という名称が必要なのか分からなくなりそうだが、「社会」についての「集団主義＝集産主義 collectivism」な見方と比較すると、その意義がはっきりする。

「集団主義」は、「社会」を、それを構成する諸個人とは独立に存在する実体と見なし、それを直接的に認識することができる、という立場を取る。それに対して、「個人主義」は、直接的に分析できるのは個人の振る舞いだけであるという立場を取る。「個人主義」と「集団主義」は、単に政治的・イデオロギー的に対立しているだけでなく、「社会」認識の方法に関しても対極的な立場にあるわけである。

「個人主義」の〝敵〟は、「集団主義」だけではない。社会全体を単一的な〝知性〟の基準によって合理的に設計することが可能であると想定し、その設計図に基づいて個人の行為を制限しようとする立場は、たとえ社会的集団を実体視していなくても、本来の個人主義ではなく、集団主義に通じる要素を多分に含んでいる。ハイエクは、そうした偽りの個人主義を、**「合理主義的な疑似個人主義 rationalistic pseudo-individualism」**と呼び、あくまでも、「個人」に定位して社会を考える「真の個人主義」と峻別する。「真の個人主義」は、「集団主義」という分かりやすい〝敵〟と対決した次の段階では、〝味方〟に見えなくもない「合理主義的な疑似個人主義」と対決しなければならないのである。

　個人主義的社会分析の主張とは次のようなものである。すなわち諸個人の行為が結合して生み出す結果を追跡することによって、人間の達成した偉業の土台をなす多くの制度（institutions）が、設計し指令する知性によることなしに、生起し、機能しているという発見に到達するということである。Ａ・ファーガソンが述べているように、「諸国民は思いもかけずに諸々の制度（establishments）に行き当たるのであって、それは人間の行為の結果ではあるが、人間の設計の結果ではない」のである。そして自由な人間の自然発生的な協力（spontaneous collaboration）は、個々人の知性が完全には理解しえないような偉大なものをしばしば創造するということである。これはＪ・タッカーとＡ・スミスの、そしてＡ・ファーガソンとＥ・バークの、壮大な主題であり、経済生活のみならず、社会的現象にたいするわれわれの理解の基礎となっている古典派経済学の偉大な発見なのである。[4]

ここからはっきり読み取れるように、（ハイエクの）「個人主義」は、**自由に行為する諸個人が相互に働きかけ合い、必要に応じて協力し合うことの帰結として、経済活動を始めとする社会の集団的な営みを円滑に進めるための諸「制度」が自（然発）生的に形成されてくる**という前提に立つ。[5]逆に言うと、結果的にそのような制度を自生的に生み出すものとしての、諸個人の行為に注目するわけである。

この場合の「制度」というのは、特定の誰かが最初から意図的に設計（design）したものではなく、不特定多数の人々の相互作用の帰結として形成されるものである。集団＝集産主義、あるいは合理主義的な疑似個人主義の人たちは、「制度」というのは合理的な設計図がなかったらそもそも形成されない、あるいは、たとえ〝自生的な制度〟があったとしてもうまく機能しない、どう動くか予想がつかないので信用できない、といった発想をしがちである。それに対して、「真の個人主義」は、**ごく一部の知識人や技術者による設計ではなく、自生的に形成されてくる「制度」こそが「社会」を発展させている**、という見方をする。この見方は後に、より精緻化されて、「自生的秩序」論へと発展することになる。

真の個人主義の起源

さきほどの引用の中にあるように、ハイエクは、自生的な「制度」形成のメカニズムを発見し、個人主義的な「社会理論」の基礎を築いたのは、（初期の）古典派経済学であると見ている。

アダム・スミスは、周知のようにスコットランドの経済学者・道徳哲学者であり、『諸国民の富』で、各人はひたすら自己利益を追求しているだけでも、市場における「見えざる手」の導きによって、社会全体の利益が増大することを説き、古典派経済学の始祖になった。ジョサイア・タッカー（一七一二―九九）はウェールズ出身の聖職者で、自由貿易論や植民地アメリカの独立を容認する議論などを展開した論客であり、『商業の諸要素と税の理論』（一七五五）では、スミスに先駆けて私的利益の追求が公共の利益を促進することを指摘している。アダム・ファーガソン（一七二三―一八一六）は、スミスと同じくスコットランド啓蒙主義に属する哲学者で、主著『市民社会史論』

（一七六七）で、私有財産制が成立する以前の未開社会から、分業体制が確立し、商業が発達した文明社会に至るまでの文明化の過程を描き出している。[6] エドマンド・バーク（一七二九–九七）は、アイルランド出身の英国の政治家・哲学者で、有名な『フランス革命についての省察』（一七九〇）で、伝統を破壊して、自らの理性に頼って新たな社会秩序を作り出そうとしたフランス革命の指導者たちの知的傲慢を激しく非難したことで知られるが、彼もまたスミスやファーガソンたちと同様に、私的利益の追求が公共の利益に繋がることを示唆している。

［不特定多数の私的利益の追求→公共の利益の増進］というスミスたちの論法は、経済的自由をめぐる議論の文脈では、一般的には、「利己主義の勧め」として理解され、〝自由放任主義〟の根拠とされることが多いが、ハイエクはこれをむしろ、**自然発生的な協力を通しての制度形成**という側面から理解しようとしているわけである。伝統重視の立場を強く打ち出し、近代政治思想における「保守主義」の元祖と言われるようになったバークを、近代における「真の個人主義」の創設者の一人に数えていることからも確認できるように、ハイエクにとっては、**個人主義的な視点から「社会」を分析することと、各個人の行為を制約している慣習、制度、法などを尊重することは矛盾しない**。むしろ、自生的に形成された諸ルールを重視するのが、真の個人主義者なのである。

ハイエクは、こうした意味での「真の個人主義」を理論化したスミスたち古典派経済学者の先駆者として、自然状態における個人の自然権の不可侵性を説いたロック、道徳の基礎としての慣習の意義を指摘したヒューム、そして『蜂の寓話』（一七二三、二八）で個人の悪徳（private vices）が公益を生み出すことをアイロニカルに指摘したマンデヴィル（一六七〇―一七三三）などを挙げている。マンデヴィルは、オランダ生まれであるが、ロンドンに移住して開業医として仕事をしながら、執筆活動を行っている。一七世紀半ば以降、発展した自由主義の系譜の中で、「真の個人主義」が育まれたわけである。

合理主義的な〝偽りの個人主義〟

では、偽りの個人主義である「合理主義的な疑似個人主義」の起源はどこにあるのか？ ハイエクはデカルト的合理主義にその起源があるとしている。周知のように、デカルト（一五九六―一六五〇）は、『方法序説』（一六三七）において、「我思う、故に我有り」という根本命題に到達し、それによって、近代の自我中心哲学及び合理主義思想の創始者になった、とされている。

六部構成の『方法序説』で、「我思う、故に我有り」が登場するのは第四部であるが、それに先立つ第二部に、ハイエクの設計（主義）批判に該当しそうな言明が見られる。第二部の冒頭でデカルトは先ず、たくさんの人の仕事を寄せ集めて出来上がった作品が、一人の熟練した職人の手になる作品より優ることはないことを示唆している。城壁のある村落にすぎなかったものが時と共に大都市に発達した町は、一人の技師が平地に思い通りに線引きして作った規則正しい都市に比べて、通常ひどく不ぞろいだ、という。

デカルトはこの視点を、都市の外的構造に留まらず、「社会」それ自体にまで拡張していく。「半ば未開だったむかし、わずかずつ文明化してきて、犯罪や紛争が起こるたびにただ不都合に迫られて法律をつくってきた民族は、集まった最初から、だれか一人の賢明な立法者の定めた基本法（les constitutions）を守ってきた民族ほどには、うまく統治されないだろう」[7]、という。これはまさに、ハイエクが問題視する、「社会」を「設計する」発想である。

デカルト的合理主義者は、全ての個人には普遍的理性が宿っていると想定し、それを発展させ、その理性に対応した社会を構築しようとする。その意味で、〝個人主義〟であると言えなくはない。しかし、その反面、『方法序説』第二部に見られるように、諸個人の自生的協力を通して生まれて来る「制度」は低く評価し、一人の（賢明な）人間の内面における理性の働きをそのまま反映した設計を高く評価しようとする。「社会」についてハイエクの言う「真の個人主義」とは逆の考え方をするわけである。そうした前提でハイエクは、二つの個人主義を、以下のように対比する。

> 一方の見解は、理性が人間の営みにおいて果たす役割を一般的にむしろ低く評価し、人間は部分的にのみ理性によって導かれるのであり、人間の個人的理性はきわめて限定され、不完全であるとした上で、それにもかかわらず、人間は現在もっているものを達成したとするものである。他方もう一つの見解はいわゆる理性なるものがつねにすべての人間に十分にかつ平等に役だっているものと想定し、また人間が達成するすべてのことは個人の理性の支配の直接の結果であり、したがってその支配によるものであると想定する。さらに言えば、前者は個人の知性

の限界をはっきりと意識するところから生まれる産物であり、それが個々人を、かれらの知識を超えた偉大なものの創造に参与させる、非人格的な無名の社会的過程にたいする謙虚な態度を導くのである。これにたいして後者は、個人の理性の力に過大な信頼をおき、その結果個人の理性によって意識的に設計されないもの、もしくは十分に捉えられないものは何でもすべて軽蔑することになるところから生まれる産物である。[8]

個人の理性に過大な信頼を置くデカルト的合理主義は、一人の人間が自らの理性によって設計したもの、言い換えれば、その設計者の意図を知ることによってその仕組みを完全に理解できるものを評価し、不特定多数の人たちの相互作用によっていつのまにか自然発生的に出来上がったものは、その仕組みを読み解くことのできる理性の設計図がないので、否定的に見るわけである。こうしたデカルト的合理主義的に基づく個人主義は、次第に、不特定多数の無名の人々たちによって――明確な意図を伴わず、自然発生的に――継承され、整えられてきた諸制度を非合理的なものとみなし、普遍的理性を代理する少数のテクノクラートによって設計されたそれへと置き換えることを志向するようになった。

そうしたデカルト的合理主義は、人民の契約に基づいて「社会」をゼロから――意識的に――設計・再構築しようとする社会契約論の形を取るようになった。とりわけルソー（一七一二―七六）の理論と、その影響を強く受けたフランス革命の指導者たちの思想と実践は、社会的問題を技術者的な手法で解決しようとする思想の潮流を生み出した。[9] 社会的過程を、理性の統制に従わせようとする偽りの個人主義から、自由主義と対立する社会主義も生まれてきたわけである。設計を絶対視する偽りの個人主義に対して、真の個人主義は、人間は自由な状態に置かれた時、単一的な理性による設計を超えたものを自生的に生み出すことを信じる。

ハイエクによれば、古典派経済学系の真の個人主義だけでなく、デカルト的合理主義の思想も、「個人主義」と呼ばれ、両者とも西欧の社会思想に浸透することになった。その共通名称のため混同が生じた、という。つまり、**反合理主義的な真の個人主義とは基本的に異質なはずのデカルト的な要素が、前者の系譜の議論に紛れ込んでしまい、まるでそれが「（真の）個人主義」の不可欠な要素であるかのように錯覚されている**わけである。

その典型が、自らの利益を最大化すべく合理的な行動を取る**「経済人 economic man」**の仮定であろう。スミスなどの古典派経済学者が、合理的な「経済人」を前提に自らの理論を構築したという説が一般的に流布しており、それを前提にスミスを批判している人もいるが、ハイエクに言わせれば、スミスはそのような人間像は持っていない。スミスの想定している人間はむしろ一般的には怠惰で軽率で浪費家である。彼は、もっぱら（他の人々との関係を含む）環境の作用によって、自らの手段を目的に一致させ、合理的に振る舞うことができるにすぎない。[10]

このようにデカルト的合理主義と古典派経済学の本質的な繋がりを否定するハイエクの立場からすれば、合理的経済人を想定する経済学は、たとえ社会主義や計画化を掲げていなくても、核心部分においては、偽りの個人主義に汚染されていることになる。既に見たように、ハイエクは、その点で、新古典派とは一線を画している。

一九世紀の古典派経済学には、フランスの影響を受けたデカルト的合理主義がかなり浸透していた。代表的なのは、社会進化論で有名なハーバート・スペンサー（一八二〇―一九〇三）とミルである。

ミルは一般的には古典派経済学の完成者とされている。その著者『自由論』（一八五九）で、他者に危害を加える恐れがない行為領域は、各人の自己決定に委ねられるべきであるという「他者危害原則」を定式化したことで知られているが、既に見たように、サン＝シモンの影響を受けて、社会主義にかなり理解を示している。スペンサーは、進化論の「適者生存」の法則を重視し、社会的進化を促進するには、市場での自由な競争に委ねる自由放任主義の政策を取るべきだと主張した。しかし、その一方で、コントの実証主義思想の影響を受け、科学による知の総合を目指したことでも知られる。

彼らが古典派経済学と自由主義を代表する人物と見なされるようになったため、彼らを介して、一九世紀後半の英国の「個人主義―自由主義」に、デカルト主義的合理主義の発想がかなり混入することになった。

真の個人主義の二つの特徴

合理主義的な疑似個人主義の影響が西欧諸国、特にドイツで拡大し、個人主義と知的設計を結び付け、中央集権化を促進しようとする傾向が強まっていくと、それに抗して「真の個人主義」を擁護しようとする論者も登場する。ハイエクはその代表的論者として、『隷属への道』でも頻繁に参照しているアクトン卿と、アレクシス・ド・トクヴィル（一八〇五‐五九）を挙げている。トクヴィルは、『アメリカの民主主義について』（一八三五、四〇）で、自らのアメリカ体験を基にして、アメリカ人たちはデカルトなどの個人主義の哲学がなくても、各人の日々の生活の中で個人の自由を具現していること、（上からの設計がなくても）草の根民主主義の仕組みを発達させていることを指摘し、ヨーロッパ人のアメリカ観に大きな影響を与えることになった。

ハイエクは、アクトン卿とトクヴィルに即して、「真の個人主義」の二つの基本的特徴を指摘している。その一つは、「民主主義」との関わりである。**「真の個人主義」は民主主義を信頼するが、多数決が万能であるという迷信を持たない**、ということである。[11]

民主主義は、多数派の意見に基づいてその国あるいは社会の共通の行動（common action）を決定するという慣習に基づいているが、そのことは、多数派の意見が不可避的に、一般的に受け入れられた意見（the generally accepted view）にならねばならない、ということを意味するわけではない。明日には、少数派の意見が多数派の意見になっているかもしれない。民主主義はそれを前提にした制度である。従って民主主義が十分に機能するには、多数派の意見が全員を拘束すべき領域と、少数派が自らの意見を保持し、多数派を説得することが許容される領域の間に境界線が引かれねばならない――これは、現代の自由主義系の政治理論で、「公／私」二分法と呼ばれている問題である。[12] アクトン卿たちは、この点を明確に認識し、真の民主主義は、集合体としての人民の自由意志（the free will of the collective will）に干渉するものではないことを主張した。

もう一つは、「平等」に対する関係である。**「真の個人主義」は、現代的な意味での「平等主義」ではない。** 人々に対して一般的な規則を平等に（equally）適用すべきだという見地に立ち、特定の人に特権を与えたり、保護したりすることには反対するが、それは、**人々の（経済的・社会的）ステータスを同一**（equal）**にすることではない**[13]。

真の個人主義の見地からすれば、すぐれた能力を持って生まれきた個人がその能力を活用して、他の人々よりも優越したステータスに到達することを権力は制限してはならない。また、生まれてきた家によって、人生のスタート地点に有利不利があるからといって、強制的にスタート地点を均すこと（＝機会の平等）もすべきではない。諸個人あるいは家族――もしくは、長期にわたって安定して存在している言語共同体あるいは宗教共同体など――に対する、平等なルールの適用以上のことをしようとすれば、それは自由の破壊に繋がる。それが、トクヴィルやアクトン卿が示した真の個人主義の基本的な考え方である。

ハイエクにとって、人民の意見を一つの〝正しい見解〟へと統一したり、人々の経済的・社会的ステータスを均質化しようとするのは、単一の理性によって社会を組織化することを目指すデカルト的合理主義に由来する発想である。「真の個人主義」は、そうした画一化傾向から、「個人」（の間の多様性）を守ろうとする。

ハイエクの自由観

ハイエクがアメリカに研究拠点を移してから執筆された**『自由の条件』**は、彼の「自由」観を最も体系的に叙述した著作であり、政治哲学者としてのハイエクの主著とされている。

この著作でハイエクが問題にしている「自由」というのは、自然状態における動物としての自由でも、物理的因果法則の外的作用に支配されることなく心の中で自分の意志を決定できるという意味での内面の自由（＝意志の自由）でもなく、他の人間たちと一緒に暮らしている個々の人間にとっての自由である。しかも、それはあくまでもその個人が、他者からの**「強制 coercion」を受けていないという意味での自由**であって、公的権力に参加という意味での「政治的自由」とか、自分の望んでいることを実行することができる（権）力（power）といった意味は含んでいない。

「他者からの強制なき状態」としての「個人の自由 individual freedom」に限定して「自由」を論じるハイエクの自由論は、バーリンなどのそれと同様に、「消極的自由」、つまり「〜から自由である free from ~」という形で自由を論じる「消極的自由」論の系譜に属するものとされることが多い。「消極的自由 negative freedom」の反対は、「〜への自由（〜することができる自由）freedom to ~」という形を取る、「積極的自由 positive freedom」である。[14] ただしハイエク自身は、このような言い方をすると、自由が二種類あるように聞こえてしまうので、自分はこの区別はしないとしている。彼にとって「自由」は、**他人の恣意的な意志による支配からの独立**という一つの意味しかない、という。[15]

人間が社会の中で制度を形成しながら一緒に生活している以上、全く「強制」のない状態は考えられない。「自由とは仲間に囲まれて生活している人間ができるだけ接近しようと望みながら、完全に実現することがほとんど期待できないある状態[16]」である。従って、自由のための政治あるいは政治哲学の課題は、その状態にできるだけ近付けるべく、不必要な強制あるいはその影響を取り除くことにある。

このような消極的な「自由」観を取れば、当然のことながら、各人が理性的に振る舞い、自らの欲求を——他者の力を借りて——実現することができる理想の社会的体制を整えるとか、そのために各人に対して政治への参加を義務付ける、といったお節介で押し付けがましい発想をする〝自由主義〟とは対立することになる。そのような押し付けがましいものは、本来、〝自由主義〟ではありえない。近代思想史の中で生じた概念的に混乱によって、〝自由主義〟扱いされるようになったにすぎない。

「自由主義」の二つの系譜

第四章「自由、理性および伝統」では、先に見た二つの個人主義の系譜とほぼ重ね合わせる形で、「自由」についての二つの理論の系譜について叙述されている。

一つは、英国を母体とする経験的で非体系的な理論の系譜である。もう一つは、フランスを母体とする思弁的で合理主義的な理論の系譜である。前者は自生的に生まれてきた伝統や秩序の解釈を基礎とし、後者は、（未だ誰も成功したことのない）ユートピアの建設を目指す。後者の方が少なくとも外見上は論理的に明晰であるように見えるので、次第に優勢になりつつあり、前者は押されているという。[17]

先に見たように、『隷属への道』では、一九世紀後半以降急速に発展し、最終的に全体主義を生み出すに至った「集産主義」をドイツ的なものと見なし、英国起源の「個人主義―自由主義」と対置したが、『科学による反革命』では、社会主義の元祖であるヘーゲル左派やマルクスに、サン＝シモンやコントなどの実証主義的な「社会」観が影響を与えていたことが示唆されていた。『自由の条件』では、ドイツ的な集産主義の起源が、もう一つの〝自由主義〟の系譜であるフランス的伝統＝デカルト的合理主義にあることが明示されるに至った、と見ることができよう。

ハイエクが、一八世紀における「英国的伝統」の代表としてリストアップしているのは、「真の個人主義と偽りの個人主義」でも名前が挙がっていたヒューム、スミス、ファーガソン、タッカー、バークに加えて、ウィリアム・ペイリー（一七四三―一八〇五）である。ペイリーは、英国の聖職者・哲学者で、人類にとっての幸福の増進を善の尺度とする神学・道徳哲学を展開し、功利主義の先駆者とされている。彼は、その著書『道徳及び政治哲学の原理』（一七八五）で、英国の国家＝憲法体制（constitution）が様々な伝統や慣習の積み重ねによって自生的に形成されたものであることを示唆している。[18] この著書の中で、「自由な国家」の条件として、立法と司法の分離を前提とする「法の支配」が不可欠であるとする議論も行っており、[19] ハイエクはこの点に注目している。[20]

これに対して、デカルト的合理主義に深く染まった「フランス啓蒙主義の伝統」の代表として挙げられているのは、百科全書派とルソー、重農主義者とコンドルセ、等である。既に見たように、百科全書派、重農主義者、コンドルセは、『科学による反革命』でも、自然科学の論理によって社会を分析しようとする思想家の元祖として言及されている。

このことから分かるように、デカルト的合理主義＝フランス啓蒙主義の系譜というのは、「人間」の欲求や価値、行動パターン、社会的関係性なども、物理学などの自然科学の場合と同じような普遍的・客観的法則によって捉えることが可能であるという前提に立ちながら、その法則を応用してユートピアを合理的な計画に従って建築することを目指す思想の系譜である。人間本性に適合したユートピアが実現されれば、各人の欲求が充たされ、その意味で〝自由〟になる、と考えるわけである。当然、ハイエクからしてみれば、〝非合理性〟を人為的に排除して、単一の設計図に基づく、ユートピアを設計するという思想が、人間を「自由」にするはずはないので、これは本当の意味での自由主義ではない。

ただし、啓蒙主義前後の時代のフランスの思想が、全てデカルト的合理主義に属するわけではない。ハイエクは、むしろ「英国的伝統」に近かった思想家として、モンテスキュー（一六八九―一七五五）、バンジャマン・コンスタン（一七六七―一八三〇）、トクヴィルを挙げている。

モンテスキューは、周知のように、『法の精神』（一七四八）で、三権分立の原型を提示し、この分立が個人の「自由」を保護するうえで重要であると論じたことで知られているが、この著作は、それと共に、法がその国ごとの慣習に従って出来上がるものであることをも強調している。

コンスタンはフランス革命後期から王政復古期にかけて活躍した政治思想家・作家で、英国の伝統の影響を強く受け、立憲主義的自由主義の立場を取る。彼は、フランス革命時に民主主義の名において人権弾圧、恐怖政治が行われたことについて批判的省察を加え、（民主的決定によっても侵害することのできない）自由権的な基本権を定めた憲法を整備することの必要性を訴えた。

モンテスキューやコンスタンとは逆に、英国側にも、むしろフランス的な伝統に属すると見るべき思想家たちがいる、という。英国の合理主義の元祖としてハイエクが挙げているのは、社会契約論の創始者で、唯物論・合理主義の立場を取るホッブズ（一五八八－一六七九）である。周知のように、ホッブズは、自然状態において各個人が享受していた自然権の全面的譲渡を通して国家が成立するという前提から出発し、主権者の絶対的権力を正当化した。ホッブズの社会契約論では、個人の自由は、主権者が黙過するところでしか成立しない。

また、一八世紀末から一九世紀初頭にかけての英国には、フランス革命の影響を受けて、合理主義的に政治や社会を設計することを夢見て、伝統や慣習を――「自由」を阻害するものと見なして――解体しようとした〝自由主義者〟たちがいた。ウィリアム・ゴドウィン（一七五六－一八三六）、ジョセフ・プリーストリー（一七三三－一八〇四）、リチャード・プライス（一七二三－九一）、トマス・ペイン（一七三七－一八〇九）等である。

最初のフェミニストとされるメアリ・ウルストンクラフト（一七五九－九七）の夫であり、『フランケンシュタイン』(一八一八)の作者メアリ・シェリー(一七九七―一八五一)の父としても知られるゴドウィンは、政府、富の独占、婚姻制度などが人々を不自由・不幸にしているとして、政府のない社会の実現と、富の平等な配分を主張し、アナーキズム(無政府主義)の先駆者となった。プリーストリーは、周知のように、酸素の発見で知られる化学者だが、フランス革命を強く支持し、唯物論的・決定論的な立場から、人間の自由意志の存在を否定した。リチャード・プライスは非国教会系の聖職者で道徳哲学者でもあり、フランス革命を英国の名誉革命の理念を発展的に継承するものとして擁護したため、バークの『フランス革命についての省察』で批判の槍玉に挙げられている。トマス・ペイン(一七三七―一八〇九)は、英国生まれのアメリカの思想家で、『コモン・センス』(一七七六)などで、アメリカの植民地独立闘争を鼓舞したことで知られるが、『人間の権利』(一七九二)では、人権は自然に由来するものであるとの立場から、慣習と伝統によって形成された国家体制が各人に権利の基盤であるとするバークの見解を批判し、社会契約によって新たに社会を構想し直そうとするフランス革命の理念を高く評価した。

フランス革命という悪夢

ホッブズや、フランス革命擁護者たちを、英国内のデカルト的合理主義の代表格として名指ししていることからも分かるように、ハイエクは、フランス革命を、**社会契約に基づいて、社会の構造を再設計しようとするホッブズ=ルソー的な設計主義が現実化したものと見なし、これに対する態**

度を二つの伝統の分岐点にしているように思われる。別の言い方をすれば、フランス革命を伝統破壊という側面から批判し、保守主義の元祖になったバークの視点に寄り添う形で、対立軸を立てているわけである。

単に対立軸を鮮明にするだけには留まらない。ハイエクは、ポーランド出身の歴史学者ジェイコブ・タルモン（一九一六―八〇）の『全体主義的民主主義の起源』（一九五二）に依拠する形で、集合的目的の追求と実現のみが人を自由にする、というデカルト的合理主義の見解が、ルソーの社会契約論とフランス革命を経由して、現代における全体主義的民主主義に繋がったとさえ示唆している。[21]

西欧近代思想史の一般的な常識では、フランス革命は、英国の名誉革命、アメリカの独立戦争（アメリカ革命）と並んで、自由と民主主義の基礎を築いた革命とされているが、ハイエクは三つの革命の内、フランス革命だけを切り離し、真の自由主義に敵対するものとして否定的に評価しようとしているわけである。

時期的・状況的に連動しているものと思われがちのフランス革命を、アメリカ独立戦争とは全く異質なものと見なし、全体主義に結び付けるハイエクの見方は、アーレントと共通している。『自由の条件』の三年後に刊行された、『革命について』（一九六三）でアーレントは、フランス革命と、アメリカ革命は異なる「自由」概念に依拠しており、前者は社会主義革命の中心的理念である「解放 liberation」の思想を生み出した、と論じている。[22]

アーレントの場合、「政治」という討議の場への参加を「自由」の本質と見なす、「政治的自由」

論もしくは共和主義の文脈で「自由」を考えており、「自由」に討論するための枠組みとしての「憲法＝政治体制」――『自由の条件』の原題〈Constitution of Liberty〉は、「自由の憲法＝政治体制」とも訳せる――の欠如という視点から、フランス革命を批判している。「他者からの強制の不在」として「自由」を定義し、［社会契約論―設計主義］という視点からフランス革命を批判するハイエクとは、「政治」と「自由」の相関関係についての理解がかなり異なっており、むしろ対立しているのではないかとも思える。第三章、四章で詳しく検討するように、ハイエクは、「私たち」の集団的自己統治としての「政治」それ自体に固有の価値を認めておらず、個々の「私」相互の関係を調整する一般的ルールとしての「法」を補完するものとしか見ていないように思われる。

しかし、そうした「政治」観の違いにもかかわらず、**両者ともフランス革命を「自由の革命」ではなく、〝正統〟な「自由」観からの逸脱であり、全体主義へのターニング・ポイントになったと見ている**のは、思想史的に興味深い点である。

法の支配――「古代アテネ」から「英国」へ

既に見たように、ハイエクは、（デカルト的合理主義ではない）本来的な意味での「自由主義」の伝統は、一七世紀の英国で――ただし、合理主義者であるホッブズを起点としない形で――始まったと見ている。それは、**国王による恣意的な支配を、「法の支配」へと置き換えようとした法理論家たちの努力に始まる。**

『自由の条件』の**第十一章「法の支配の起源」**では、国王の専制支配に抗して、個人の自由を擁護しようとした人々の試みが、「法の支配」という視点から叙述されている。標準教科書的な英国史・政治思想史では、権利請願や清教徒革命、名誉革命、権利章典の制定などによって、国王と議会の対抗関係の中で、次第に後者が権力を獲得し、議会中心の民主主義の仕組みが確立されていったことが強調されるが、ハイエクはそうした一連の過程を、議会の主権の強化というよりも、むしろ「法の支配」という形で、個人の自由が保障される仕組みが（再）確立されていくプロセスと見ている。本書の中で既に何度か示唆したように、ハイエクにとって最も大事なのは、**「個人の自由」を（法的に）保障することであって、民主主義はそのための手段でしかない。**

ハイエクは、「法の支配」と「個人の自由」を一体不可分のものと見なす考え方の原型は、古代アテネにあり、古典文献の研究を通じて、一六世紀末、エリザベス朝時代の英国で、その考え方が再発見されたと指摘する。キーワードとなるのは、「人々のあらゆる振る舞いに対する法の平等」を意味するギリシア語の〈isonomia〉、もしくは、それを英語化した〈isonomy〉である。この言葉は一七世紀まで使われていたが、次第に「法の前の平等 equality before the law」「法の統治 government of law」「法の支配 rule of law」といった表現に置き換えられていった、という。[23]

通常の政治思想史では、古代人は、近代的な意味での「個人の自由」は知らず、もっぱら集団的自己統治としての「政治」への関与が彼らにとっての「自由」だった、とされている。この意味で、「古代人の自由」と「近代人の自由」を区別する議論を定式化したのは、（先に見たようにハイエクも評価している）フランスの政治思想家コンスタンである。アーレントなどの共和主義の理論家たちも、この区別に依拠しながら、「古代人の自由＝集団的自己統治」の復権を主張することが多い。

しかしハイエクの視点に立てば、「法」の前で全ての人を平等に扱うという意味での「イソノミア」を知っていたアテネ人たちに限っては、「個人の自由」を享受していた、と言うことができる。「イソノミア」によって、諸個人は他者からの不当な干渉を恐れることなく、自由に活動できるからである。この「イソノミア」という概念は、集団的自己統治のための制度である「民主主義 demokratia」よりも古くから成立していた、という。コンスタン流の「古代」観を取る場合、「民主主義」が発達した帰結として法の下での平等が実現したと考えられがちである。ハイエクに言わせると、その逆である。つまり、**「イソノミア＝法の前での平等」を前提として、政治への平等な参加を保障とする仕組みが構築されたのである**――ハンナ・アーレントは『革命について』（一九六三）で、「イソノミア」を「（ポリスの政治に参加する）市民としての平等（とそれに伴う政治的自由）」と見る見解を示している。[24]

「イソノミア」の伝統に属するプラトン（前四二八―三四八／三四七）やアリストテレス（前三八四―三二二）は、「法の前の平等」は、民主主義よりも優先されるべきだとの見解を取っていた。アリストテレスは、（一般的なルールとしての性格を持つ）「法」ではなく、（民主的）多数決によって全ての決定が成されるような政治の在り方を批判し、それは自由な国の統治ではないとした。ホッブズは、そうしたアリストテレスの見解を過ちと見なしたが、自立的な土地所有者たちから成る理想の共和国の在り方を描いた『オセアナ』（一六五六）の著者として知られるジェイムズ・ハリントン[25]（一六一一-七七）はそれに反論して、法による統治の下でこそ、市民に共通の権利と利益が保証される、と主張した。

ハイエクは、（人民の合意としての）社会契約によって合理的な国家を設計しようとするホッブズ的な思考ではなく、「イソノミア→法の支配」という系譜の思考こそ、自由主義の英国的伝統の源流と見る。

その前提でハイエクは、特定の商人が産業を独占する特権を、「法の前での全ての市民の平等」という視点から批判した一七世紀の議会や裁判所の動向に注目している。特に、『イングランド法提要』（一六二八-四四）を著し、マグナ・カルタ（大憲章）によって全てのイングランド人の権利が実体的に保障されているとする拡張的解釈を示すと共に、財産権論を中心にコモン・ローを体系的に記述することを試みたエドワード・コークの働きを重視している。また十一章では言及されていないが、先に見た第四章の二つの自由主義の系譜の違いを論じた文脈では、ホッブズの自然法論を批判し、法制度が伝統や慣習によって形成されるものであることを強調した、王座裁判所主席判事マシュー・ヘイル（一六〇九-七六）の議論もポジティヴに参照されている[26]。

政治思想史の通常の記述――法思想史の場合、やや事情が異なる――では、ホッブズの影に隠れがちのコークやヘイルであるが[27]、「法の支配」と「臣民（個人）の自由」の繋がりを重視するハイエクの自由主義史観においては、むしろ彼らこそが、一七世紀の政治思想史のメインストリームである。

ロック、そしてヒュームへ

ハイエクは、ロックの『市民政府論』（一六八九）も、［イソノミア↓法の支配］の系譜に属する著作として理解している。[28] 一般的な政治思想史では、『市民政府論』は、主権者の権力を絶対化したホッブズの社会契約論を修正して、抵抗（革命）の可能性を含んだ、より民主的な社会契約の在り方を論じたものとして紹介される。しかしハイエクに言わせれば、『市民政府論』は、社会契約論というよりも、**政府の権力を制限するための議論**である。ロックは、主権という概念を認めることを一貫して拒み続け、権力分割などを通して、権力の恣意的行使を抑止しようとした、という。権力抑止のうえで、「法」が重要になる。

ロックによれば、立法の目的は、一般的な規則を設定し、その規則による禁止がないところでは、各人が、他人の恣意的な意志によって強制されることなく、自らの意志のみに従うことができるようにすることである。臣民たちを、立法権者の意志に従わせ、合理的な社会を建設することが目的ではないのである。個人＝臣民の権利と自由を適切に保障するには、諸個人の間の紛争を調停する司法のプロセスに、権力が干渉しないようにしなければならない。ロック自身このことについて、「いかなる政治的共同体の場合であれ、その立法権力、すなわちその最高権力を掌握する者は誰でも、にわか仕立ての法令によってではなく、国民に公布されて公知のものとなっている恒常的な法によって、そして、その法にもとづいて争いを裁決する公平で公正な裁判官によって統治すべきである[29]」、と述べている。

このように、「法」による「権力の抑制」と「個人の自由の保障」を重視する考え方は、一八世紀になって英国の政治・法制度の中に緩慢ではあるものの着実に定着していき、一八世紀後半になると、ヒュームや、ウィリアム・ブラックストン（一七二三－八〇）、ペイリーなどによって改めて理論的に定式化されることになる。

歴史家でもあったヒュームは、その著作『英国史』（一七五四－六二）などで、英国の歴史を、権力者の意志による統治から、法の統治への移行の歴史として描き出しており、王の裁量によって刑事裁判を行う星室庁（Star Chamber）が一六四一年に議会によって廃止されたことを、法による統治に向けての大きな転換点として高く評価している。ブラックストーンは法律家で、コモン・ローの体系的研究書として知られる『イングランド法注釈』（一七六五－六九）の中で、裁判官の独立と権力分立の意義を明らかにしたうえで、「法」を、特定の人の一時的で突然の命令ではなく、「永久的で一律的かつ普遍的 permanent, uniform and universal」なルールとして定義している。[30]道徳哲学者・神学者のペイリーは先に見たように、立法と司法の分離が、「自由な国家」、つまり一般的なルールとしての法の下で人々が自由に活動できる国家の第一の公理であることを強調している。

こうした「法の支配」をめぐる理論の系譜を背景として、既に見たように、一八世紀後半にタッカー、スミス、ファーガソン、バークといった古典派経済学の始祖たちが、デカルト的合理主義のそれとは異なる「個人主義」を確立したことによって、「自由主義」の英国的な伝統は大きく発展した。その中核にあるのは、**諸「個人」の間の自由な相互作用を通して形成されてきた慣習、伝統、制度から導き出されてくる、一般的ルールとしての「法」を遵守することを通して、「個人の自由」を保障しようとする思想**である。

ただし、そうやって頂点に達したすぐ後、一八世紀末になると、［デカルト主義―社会契約論―フランス革命］の影響が英国でも強まっていく。伝統や慣習によって裏打ちされた「法の支配」のことを、一部の人によって作られた法に従うのは自由ではないと批判し、フランス流の政治的自由を信奉する、プライスのような論者たちが勢力を増していく。一九世紀に入ると、ベンサム（一七四八―一八三二）に代表される功利主義、及びその政治的実践として議会改革を通しての広範な社会改革を要求する哲学的急進派が台頭し、「法」を中心に発展してきた英国的な自由の伝統の最も大事な部分を破壊してしまう。

科学的な快楽計算によって「最大多数の最大幸福」を実現できる政策を確定し、それを統治の基盤にすべきだとするベンサム流の功利主義は、基本的に設計主義的性格を持っているので、伝統や慣習によって形成された制度や法を尊重する――ハイエクが言うところの――英国的伝統と真っ向から対立する。実際ベンサムは初期の著作『統治論断片』（一七七六）等で、ブラックストーンのコモン・ロー中心の法理論を、最大多数の最大幸福の実現を阻害するものとして激しく批判している。[31]ベンサムはそもそも、個人の「自由」に固有の価値を認めず、「安全 security」の問題として考えるべきだとの立場を取っている。

「英国」から「アメリカ」へ

功利主義の勝利によって、英国的伝統の思想的発展は事実上終焉する。[32] そして一九世紀に入ると、英国的伝統は、その伝統を継承したアメリカにおいて発展を続けることになる。ただし、アメリカは英国的伝統のみを継承したわけではなく、フランスからの影響も混入することになる。ハイエクは、**アメリカの自由主義の歴史を、英国的伝統が、フランス的なものを抑えながら発展してきた歴史と見ている。**

『自由の条件』の**第十二章「アメリカの貢献＝立憲制」**では、アメリカの憲法＝国家体制が、英国系の「自由」概念の発展にいかに貢献したかが論じられている。ハイエクは先ず、一七六六年に英国議会が、同議会はあらゆる場合に植民地を拘束する立法権を有すること（＝議会主権）を宣言した「宣言法 Declaratory Act」を制定したことに対し、アメリカ植民地の指導者たちが激しく反発したことを指摘し、そこを議論の起点にしている。

英国議会はそれ以前から、砂糖法や印紙税法などによって植民地への直接課税政策を進めていたが、それに対して植民地が反発し始めていた。植民地からの抵抗があまりにも強かった印紙税法は六六年に廃止されたが、議会はそれと引き換えに、植民地に対する議会の（課税権を含む）全面的な主権を確認する「宣言法」を制定したわけである。翌六七年には、植民地からの関税の取り立てを強化するタウンゼンド諸法が制定される。タウンゼンド諸法も七〇年に撤廃されたが、七三年には、東インド会社にアメリカでの茶の専売の特許を与える茶法が制定された。「宣言法」に反対したマサチューセッツのジェームズ・オーティス（一七二五-八三）とサム・アダムズ（一七二二-一八〇三）、ヴァージニアのパトリック・ヘンリー（一七三六-九九）等は、多数決によっていかなる法律も制定することのできる無制限の議会主権という考え方は、マグナ・カルタに反し、これまで英国の祖先が守ってきたアングロサクソン的な自由の伝統を破壊するものであると主張した。

英国の議会制は元々、王による恣意的な権力行使を抑制し、「法の支配」を守るために発展してきたわけであるが、議会自体はいかなる上位の「法」にも縛られず、自らの立法によって影響を受ける諸個人の自由に配慮することなく、どのような法律でも制定してよいということになれば、本末転倒である。しかもアメリカの植民地は、本国の議会に代表を送ることを許されていなかった。ハイエクの見方によれば、オーティスたちは課税そのものよりも、議会主権＋民主主義の行き過ぎによって、「法の支配」の根幹が破壊されてしまうことを憂えたわけであり、その意味で、英国的伝統を継承していたと言える。議会による「立法」に対するハイエクの基本的な考え方について詳しくは本書の四章で説明するが、ここでは取りあえず、ハイエクの言う「法の支配」[33]が、**議会主権を含意するものではない**ことだけ確認しておこう。ハイエクに言わせれば、議会の役割はあくまでも、非人格的で自生的な過程を通して形成されてきた制度としての「法」の下での諸個人の「自由」を、政府権力の専制に抗して守ることである。

「法の支配」は、政府の活動が、議会の立法によって制定された法律に適合しているという意味での適法性を前提とするが、それだけでは十分条件を満たしていない。「法の支配（rule of law）とは法それ自体による支配（rule of the law）ではなく、法がどうあるべきかに関する規則（ルール）、すなわちメタ法的原則（meta-legal doctrine）、あるいは政治的理念である」[34]。そのメタ法的原則、あるいは政治的理念は、その共同体の道徳上の伝統、多数の人々が共有する理念から自生的に形成されてくるものである。政府の行動を制御するために、議会がそうした意味でのメタ法的原則に依拠するのが「法の支配」であって、議会が、人民全体の意志を代弁する形で〝法〟を作るとすれば、それは新たな「人の支配」であって、「法の支配」ではない。

ハイエクが注目した宣言法批判者たちのプロフィールをごく簡単に紹介しておこう。オーティスは法律家で、英国本国の課税政策を批判したパンフレットにおける「代表なくして課税なし」というフレーズで有名である。アダムズは、ボストン茶会事件で中心的な役割を果たした政治家で、独立宣言にサインした一人であり、第二代大統領になったジョン・アダムズ（一七三五―一八二六）の従兄に当たる。パトリック・ヘンリーは、ヴァージニアでの抵抗運動を組織化し、独立宣言署名者の一人になった政治家であり、「我に自由を与えよ、しからずんば死を」というフレーズで有名である。

ハイエクは、これらの独立運動の指導者たちが、自分たちが英国臣民として持っているはずの権利と特権に基づいて本国政府に対して要求を掲げていたことと共に、「憲法」による政府＝統治

（government）の制約が「自由」の条件であると理解していたことに注意を向けている。英国本国の憲法が成文化・実体化されていないということもあって、英国の議会は混乱状態に陥り、自らに無制約的な主権があると宣言するに至ったわけであるが、アメリカの植民地の人々には、メイフラワー号の盟約や各植民地の憲章など、自らの統治権力を制約する文書を作成し、それによって個人の「自由」を確保してきた経験があった。

かれらは経験からいろいろな権力を割りあて配分する憲法が、それによっていかなる権威をも必然的に制限することを学んでいた。ある憲法はこれを手続き上のことがらに限定して、単にいっさいの権威の源泉を確定するにとどめることも考えられる。しかし、これこれの団体や個人のいうことをもって、なんでも法律とすると述べるだけの文書を「憲法」とするとはほとんど考えられないことであろう。（……）植民地人にとって自由の意味するところは、政府は法によって明らかに要請されている行為にたいしてのみ権力をもつべきで、したがって誰もいかなる恣意的な権力をもつべきでないことであった。（……）このようにして政府を制限することを任務とする憲法が含むべき内容には、権威の由来を規制する規定の他に、実際に実体的規則（substantive rules）がなければならない。憲法は任命された立法府の行為を支配すべき一般的原則を規定しなければならない。したがって憲法の考えは権威ないし権力の階層組織の考えを含むだけではなく、規則ないし法律の階層組織の考えを含む。その場合、より高い一般性をもちより上位の権威をもつ手続きによった法が、委任によって制定された特定の法内容を統御する。[35]

この箇所でハイエクは、英国の伝統を継承する形で形成されたアメリカの自由な憲法＝国家体制をモデルとしながら、「法の支配」において中核的役割を担うべき「憲法」の本質についての彼自身の考え方をはっきり示している。「憲法」が、統治のために創設された政府の諸機関に権力と、法解釈・適用上の権威（authority）を付与し、それによって同時に政府の行為の限界を設定するというのは、近代立憲主義の基本的な考え方である。ただし、ハイエクが言うように、その限界設定が極めて形式的なもので、「○○の決定は、法律とする」と簡単に定めただけであれば、政府機関が自らに全面委任されていると勝手に解釈し、恣意的に統治することが実質的に許容されてしまう可能性がある。

（ハイエクの理解する）ホッブズ―ルソー系の社会契約論、あるいは、ベンサム流の功利主義の下では、そうしたほとんど無意味な〝憲法〟が出来上がってしまう恐れがある。実際、ナチス・ドイツやソ連型社会主義諸国は、独裁を許容する極めて形式的な意味での〝法の支配〟を許容する〝憲法〟を持っていた。

そうならないようにするには、どの機関の権力及び権威がどのように制限されるのか、憲法に具体的に明記しておく必要がある。それに伴って、統治のための様々な法律やルール（規則）が、より上位にある、より一般的なルールによってその内容を制御される階層構造も定めておく必要もある。下位のルールの適用が個人の自由や権利を侵害するような事態が生じても、（憲法的に見て）より上位のルールによって補正されるようにするためである。

連邦憲法が実現する「自由の条件」

まとまった憲法典を持つことがないがゆえに、行き過ぎた議会主権を許してしまった英国本国とは違って、アメリカは自らの政府を具体的に制約する様々な憲法的な仕組みを着実に構築し、それを憲法的文書に明記していった。本国政府の――「法の支配」の枠を逸脱した――恣意的な支配の無効を宣言した七六年の独立宣言に始まって、州ごとに憲法や権利章典が制定されていき、八七年に連邦政府の諸機関の役割や連邦と州の権限配分を明確に規定した連邦憲法が制定された。

ハイエクは、この連邦憲法が、中央の連邦政府が権力行使できる範囲を外交や軍事など特定の分野に限定し、州政府に相対的に大きな役割を与えている反面、州の立法府の行き過ぎを抑制する役割を連邦政府に与えていることに注目し、そうした連邦制のメリットを発見し、憲法の中に盛り込んだジェイムズ・マディソン（一七五一―一八三六）――後の第四代大統領（一八〇九―一七）――の業績を高く評価している[36]。また、立法を抑制するという憲法の主要目的を追求すべく、連邦、州それぞれのレベルで、裁判所が法律の違憲／合憲について審査する司法審査制、及びそれを支える憲法学説がアメリカで発達したことも、自由の歴史において大きな意味を持つと指摘している[37]。

権力分割と相互抑制のための巧妙な仕組みを持っていることをアメリカ憲法の特性として評価す

るのは、比較憲法学の常識であり、そうした見方をすること自体にはさほどオリジナリティはない。ハイエクの議論が興味深いのは、それを、**反デカルト的合理主義もしくは反設計主義と結び付けている点**である。

一国の「憲法」を制定するということは、一見すると、国家の基本骨格をゼロから構築する設計主義的な行為のようにも見えるが、ハイエクは少なくとも、アメリカ憲法についてはむしろその逆である、との見解を示している。アメリカ憲法は、普遍的な理性のようなものによって、人民が追求すべき究極の理想を発見し、それを実現することを国家目的として設定する、というような、設計主義的想定に基づいて書かれているわけではない。ハイエクに言わせれば、その都度の政府機関の立法を始めとする意志決定を、長い年月をかけて人々の「共通の信念」となり、受け入れられるようになった一般的原則によって制約するために、アメリカ憲法は制定されているのである。

その共通の信念もしくは一般的原則は伝統や慣習の中で徐々に形成されてきたものであり、長期的には変動する可能性があり、決して絶対的・普遍的なものではない。そのため、憲法の中には具体的な文言では書き込まれていない——人民が従わねばならない絶対不変の真理が明文化された形で憲法に書き込まれてしまうと、その憲法は、真理の名の下に個人の自由を抑圧する設計主義的な性格を持ってしまう恐れがある。その時点で大きな権力を与えられている政府の意志決定が、そうした意味での共通の信念もしくは一般的原則から逸脱し、設計主義的な方向に突き進んでしまわないよう、多重にチェックし、吟味するための仕組みが「憲法」なのである。

権限の分割には目的意識的な理性（deliberate reason）の力にたいする制限を認め、またその場その場の（ad hoc）解決よりも証明済みの原則を信頼するという意味がある。さらにそれは規則の階層性が明白に述べられた憲法の規則をもって、必ずしも終結していないことを意味している。個人の心を支配する力と同様に、社会秩序の形成に寄与する力は多段階的な事柄であり、憲法でさえもより根本的な原則についての基本的合意にもとづくか、あるいはそれを前提としている。その原則はこれまで決してはっきりと表明されたことがなかったかもしれないが、にもかかわらず同意と成文化された基本法を可能としまたそれらに先行するのである。法律を意図的につくることをおぼえたからといって、すべての法律がある人間の機関によって意図的につくられるに違いないと信じてはならない。むしろ人間のある集団が法をつくることのできる社会を形成できるのは、かれらが討論と説得を可能とする共通の信念（common beliefs）をすでに分かちあっており、箇条的に定めた規則が正統なものとして受け入れられるには、その共通の信念に適合しなければならない[38]からである。

ハイエク独特の憲法観

この箇所には「法」の一般性に関する、ハイエクの独特な考え方が示されている。一つの国の中で、憲法が最も根源的な規範として存在し、全ての法律やルールはそこから直接的・間接的に論理的に導き出されるものであり、全体として——数学や論理学のそれのような——一つの自己完結した体系を形成している、というような見方をハイエクは取らない。彼は、そういう法実証主義(legal positivism) 的な見方を[39]、ホッブズ的合理主義の産物として拒絶する。それだけにとどまらず、「憲法」が、一国の法やルールの最上位に位置する、最も一般的なルールであるということさえ否定する。**憲法は、人々の「共通の信念」、言い換えれば、伝統的に継承されてきた同意の一部を成文化したものにすぎない。「共通の信念」に含まれている根本的な諸原則** (fundamental principles) **が、憲法を拘束する、より一般的** (general) **なルールであり、憲法の前提になっている**わけである。

明文化されておらず、人によって解釈の幅がかなり大きい「共通の信念」なるものが、憲法を拘束しているというのは、少し奇妙に感じられる。いつどこで誰が制定したのでもないものが、憲法より上位にあるというのは、ハイエクが強く支持する「法の支配」に反しているのではないか、とさえ思われる。しかし、国会で制定された法や、裁判を通して形成された判例法のような実定法と、それらの法に正統性の源泉になっている伝統や慣習とを、ルールの連鎖として連続的に捉えるハイエク独特の「法＝ルール」観[40]からすれば、「共通の信念」が憲法の上位にあることは矛盾ではない。ハイエクの言う「法の支配」は、**伝統や慣習などの明文化されていないルールをも含んだ、広い意味での「法」に基づく「支配 rule」である**[41]。むしろ、明文化されていないルールが、憲法を始めとする明文化された法を上位から規制していることもあるのである。

しかも、ハイエクが「法」との関連で論じている「ルール」は、道徳や掟のようにその共同体の構成員が「正しいこと」と認識し、意識的に従っている行動指針だけでなく、各人が無意識的に従っているルール、つまり、私の心の動きあるいは行為の規則・法則性や傾向性のようなものも含まれている。生物としての人間に生得的に備わっているルールもある。そうした様々のレベルで多層的に作用している私のルールの一部、特に他者との関係に関わっているルールが、意識化・共有化されることを通して、社会的な慣習や伝統が形成されるわけである[42]。ハイエクにとって、事実的ルール（factual rule）と規範的ルール（normative rule）の違いも、どれだけ意識化され、その存在する目的が理解されているか、という程度の違いにすぎない[43]。

このように、「法」は、個人の心や行動の傾向性や、集団が無自覚的に従っている慣習など様々なレベルのルールと連鎖しているので、そうした繋がりを無視して、為政者の理性的思考によって、人民が向かうべき目的を新たに設定し、その実現のための理想的な〝法〟を制定するというような合理主義・設計主義的な発想ではうまくいかない。そうした発想で、無理に〝法〟を制定しようとすれば、結局、伝統や慣習の中で形成されてきたルールの体系が破壊されることになる。

アメリカの立憲主義は、いかに合理的で自律的に見える思考も、人々が無自覚的に形成してきた信念と制度の非合理的な枠組みに依拠していることを十分に理解していた。それゆえに、憲法に基づく立法権に自ずから限界があることも理解していたのである[44]。自生的に形成された制度を重んじるアメリカの立憲主義は、英国的な自由主義の伝統と極めて親和的なわけである。

アメリカ憲法の問題点

ただし、ハイエクはアメリカの立憲主義が英国的な自由主義を純粋に継承していると見て無条件に賛美しているわけではなく、フランス的要素も混入していることを指摘している。それは、独立運動から建国期にかけての指導者たちの一部に見られた、伝統を疑い、全く新しい組織を自分たちの手で作り出そうとする、目的合理性を志向する意識である。[45] 第四章の二つの伝統の違いを論じる文脈では、独立宣言の主要な起草者で、第三代大統領（一八〇一–〇九）になったトマス・ジェファソン（一七四三–一八二六）が公使としてのフランス滞在（一七八五–八九）以降、フランス的伝統に属するようになったとしている[46]――この点では、ジェファソンがフランス革命の挫折から学んだ教訓を生かし、「政治的自由」のための空間を維持し続けるべく模索し続けたことを評価するアーレントとは対照的である。[47]

ハイエクの見方では、建国の過程において、伝統や慣習と決別して全く新しい合理的な〝法〟を作ろうとするフランス的な合理主義・設計主義と、伝統や慣習によって自分たちの統治、民主主義を制限しようとする英国的な「法の支配―真の個人主義」が思想的にせめぎ合い、結果として後者が勝利したことで、アメリカの立憲主義の骨格が形成されたわけである。

大恐慌後のニュー・ディールの時期に、フランクリン・ローズヴェルト（一八八二–一九四五）の政権が、国民の圧倒的支持を背景に、復興政策のために大統領の権限を強化する全国復興管理法を議会で成立させたが、連邦最高裁はそれに対して違憲判決を出すなどして、政府に無制限の権力を与えることを阻止した。最高裁の働きのおかげで、その時々の短期的目標を追求する政府の行動を、「一般的原則」によって拘束する「法の支配」の伝統が、そして、それによって「個人の自由」が守られていることをハイエクは極めて高く評価している。(48)

第3章

進化と伝統は相容れるのか？

「進化論」と「社会的進化論」の違い

『自由の条件』第四章の「自由主義」の英国的伝統とフランス的伝統の違いを論じる文脈でハイエクは、前者を**「進化 evolution」**概念と結び付けて論じている。前章で繰り返し確認したように、人間相互の関係を制御する複雑な制度もしくは秩序は、合理的な設計によってではなく、人々の個々の行為から自生的・無意識的に形成されてくる、という前提に基づいて、「個人の自由」を尊重するのが、英国的な伝統の発想である。ハイエクは、この自生的・無意識的な形成の過程を、「適応的進化 adaptive evolution」と呼んでいる。

「進化」というと、現代人はすぐにダーウィン（一八〇九–九二）の生物学的進化論や、それとほぼ同時期に登場したスペンサーの——生物学の知見を応用した——社会的進化論を思い浮かべる。〝生物学の理論〟である「進化論」を社会科学に応用するというのは、何となく、ハイエクが反対しているはずの——自然科学の論理を社会にそのまま応用しようとする——デカルト的合理主義の発想であるように思われる。スペンサーは、経済政策的には自由放任主義——「法の支配」を重視するハイエク自身の立場は、いわゆる「自由放任」とは異なるわけだが——を擁護したが、コントの実証主義の影響を受けて、社会進化の最終ゴールを予見することが可能であるかのような議論もしている。既に見たように、ハイエクは、スペンサーを古典派経済学の発展に寄与した点は肯定的に評価する一方で、デカルト的合理主義の発想を英国的な伝統に混入させた点は否定的に評価している。

ただし、ハイエクに言わせれば、**ダーウィンの進化論を基準に、社会的進化の理論を理解するのは転倒した思想史理解である。**社会的進化という考え方は元々、自生的な秩序形成を主張する英国的な［自由主義―個人主義］の伝統の中で生まれたものであり、ダーウィンはその影響の下で自らの「進化論」を発展させたのだという。ハイエクは、進化論の先駆者として、一八世紀のスコットランドの哲学者・法学者であるジェイムズ・バーネット・モンボド[1]（一七一四―九九）を挙げている。

言語の発展の研究に取り組んでいたモンボドは、霊長類から原始の人間へと言語能力が進化し続け、それに伴って発声器官も変化していることを指摘し、それを環境への適応という視点から説明している。また、農学者でもあった彼は自らが馬を育てた経験から、交配する相手の選択を重ねることによって子孫の質が次第に改善されていくことを示唆しており、これを後の生物学的進化論における適者生存の法則の原型と見ることもできる。

一八世紀末から一九世紀初頭にかけて台頭した言語学や法学における「歴史学派[2]」は、そうしたモンボドの考え方を応用し、言語や法の発展の経路を探求するようになった。その影響で、二つのものの構造が類似しているのは、両者が共通の起源から派生・発展したことによる、という進化論的な考え方が、社会現象の研究において当たり前になっていった。それがかなり後、一九世紀半ばにダーウィン等によって生物学に導入され[3]、飛躍的な成果をもたらし、生物学から、スペンサー等を経由して社会の研究へと逆輸入されるようになったわけである。ただし、全く同じものがそのままの形で逆輸入されたということではない。スペンサー以降の社会的な「進化」の概念は――ハイエクから見て――好ましくない方向に変質していた。

残念なことに、後になって社会科学は自らの領域でこれらの最初の成果にもとづかずに生物学から考え方のいくつかを逆輸入して、「自然選択」、「生存競争」、および「適者生存」などのような概念をもちこんだが、それは社会科学の領域では適切なものではない。というのは、社会的進化における決定的な要素は個人の物理的そして遺伝的な属性の淘汰ではなく、成功している制度や習慣の模倣による淘汰であるからである。これも個人や集団の成功を通して作用するけれども、あらわれてくるものは個人の遺伝的な属性ではなく、考え方と技術、要するに学習と模倣によって伝えられる文化遺産全体なのである[4]。

ここではっきり述べられているように、個人の物理的・遺伝的な属性が社会的進化の決定的な要素になっているとする、スペンサー的な見方をハイエクは退けている。生物学的な次元での「個体の淘汰→適者生存」ではなく、成功した制度や習慣が、学習と模倣によって集団的に伝達されることが、社会的進化（social evolution）を引き起こしているのである。もう少し詳しく言うと、**生物学的に優れた資質を持った個体（個人）が勝ち残って子孫を残すことで進化が起こるということではなく、自分たちの生活環境にフィットしてうまく機能する制度や習慣を採用し、伝達・継承すること**

ができた集団が繁栄し、その仕組みが拡大・継承されていくのが、ハイエクの言う「社会的進化」である。

　こうした非スペンサー的な「社会的進化」観は、自生的に形成された制度や慣習によって個人の自由が保障されるとする英国的な［自由主義―個人主義］の伝統と適合している――というより、うまく適合するようにハイエクが思想史的に遡及する形で再定義した、と見るべきかもしれないが。この意味での「社会的進化」論においては、当然、長い時間をかけて形成されてきた制度や慣習は、社会的進化のプロセスを経てきた最終的産物であるはずなので、それらを安易に捨ててしまって、（それらの制度や慣習が果たしている機能を全面的に把握しているわけでも、集団全体の意見を代表しているわけでもない）ごく少数の社会工学的エリートが〝合理的〟に設計したものに取って換えることはできない、ということになる。

　どうしてかと言えば、**制度や慣習が実際にうまく機能するかどうかは、人々がそれらを活用しながら長年にわたって生活し、経験が蓄積されないと、分からないからである。**長い期間を経てその有効性が証明され、人々に広く認知されるようになった制度や慣習が生き残り、更なる発展の基盤となる。特定の誰かが単独で考え出したものが、本当にうまく機能するかどうかは、すぐには検証できない。すぐに検証することができる自然科学的な発明とは異なる。

　合理主義的な設計理論においては、各個人が合理的活動に適した知性と徳性を持っていると想定される――スペンサー的な社会的進化の理論では、そうした個体は、適者生存の法則に従って生まれてくるとされる。それに対して、ハイエクの言う意味での進化理論においては、**進化するのは、制度や慣習であるので、個々人は必ずしもすぐれた知性を備えている必要はない。**制度的な取り決めのおかげで、各人は最善の結果をもたらすよう自らの知性を用いるよう導かれるし、悪い人による害も最小限に食い止められる。怠惰で無精で先見の明に乏しく浪費的な人でも、伝統、慣習、制度が作り出す環境の中で、経済的に振る舞うように仕向けられるのである。[5]

マンデヴィルと「進化」

『自由の条件』の段階では、「社会的進化」の本質――「進化しているのは何か？」――についてあまり哲学的に掘り下げて論じられていないが、その六年後に行った講演**「医学博士バーナード・マンデヴィル」**――翌六七年に論文として公刊される――では、「古典派経済学―真の個人主義」の先駆者であるマンデヴィルの思想を再考する形で、「(社会的)進化」概念を、特に「法」や「ルール」との関連でより厳密に概念規定することが試みられている。

マンデヴィルは一般的には、悪徳が公益を促進するという逆説を指摘し、自由放任主義を称揚した思想家として知られているが、ハイエクに言わせれば、彼の功績はむしろ、法、道徳、言語、市場、貨幣、技術的知識といった、**社会的構造を支えているものが自生的に成長していく範例を示した**ことにある。個人が利己的に振る舞うことが、ストレートに社会の繁栄に繋がるのではなく、そこに**制度的要因が入ってくる**わけである。

ハイエクによれば、マンデヴィルは、古代ギリシア以来二千年にわたって西欧人の思考を支配してきた事物の二分法から脱出する道を示した。その二分法というのは、「自然的事物 physei」と「人為的事物 thesmoi」（もしくは「慣習的事物 nomoi」）の二分法である。この二分法は、「自然的秩序 kosmos」と、「人為的秩序 taxis」、つまり人間の意図に基づく計画の結果である別の種類の秩序の二分法と繋がっている[6]。

どうしてこの二分法が問題なのかというと、ハイエクが言うところの英国的な伝統の「自由主義―個人主義」が重視する、自生的な制度形成を視野に入れながら、「個人の自由」について論じることができなくなるからである。この世界に「自然的秩序」と、「人為的秩序」のいずれか二つの秩序しかないとすれば、「人間の行為の結果ではあるが設計の結果とはいえない秩序」に固有の領域がなくなるからである。

二つの種類の秩序しかないとすると、自然界の法則によって出来上がっている秩序でないものは、人為的な設計による秩序でしかありえない、という二分法的な発想になりがちだ。人間の社会を維持するための仕組みが――動物の群れの秩序のように――自然と出来あがらないとすれば、無秩序状態を避けるには誰かがそれを設計しなければならない、ということになろう。そうなると、諸個人の自由を尊重する「真の個人主義」の立場を貫くのは難しくなり、（自然科学の法則を模倣する形で）社会的秩序を設計しようとするデカルト的合理主義に妥協せざるを得なくなる。

そうしたデカルト的合理主義の罠を回避するには、「人間の行為の結果ではあるが設計の結果とはいえない秩序」が現に存在していることを、先ず明らかにしたうえで、その秩序が、諸個人の自由な行為の〝総体〟――既に見たように、ハイエクは社会的集団を実体視する「（方法論的）集団主義」は否定している――からの意図せざる帰結として生成し、かつ「進化」し続けていることを示さねばならない。ハイエクは、**第三の秩序としての「自生的秩序 spontaneous order」**の存在を開示するうえで先駆的な仕事をしたのが、マンデヴィルだったと見ているわけである。

ハイエクによれば、古代ギリシアの喜劇作家アリストファネス（前四五五―三八八）やローマの政治家カトー（前二三四―一四九）、一六世紀スペインのイエズス会所属の後期スコラ学者でサラマンカ学派の貨幣論・価格論を集大成したルイス・デ・モリナ[7]（一五三五―一六〇〇）などは、社会制度を生み出す「進化」の過程の理解にかなり近づいていた[8]。彼らは、不特定多数の人々の長年にわたる試行錯誤から、秩序が生まれて来ることに関心を寄せていた。そうした考え方は、自然法論という形で伝承されてきた、という。「自然法 law of nature」という言い方をすると、「自然的秩序」の系譜に属する議論のようにも聞こえるが、ハイエクに言わせれば、一七世紀にホッブズなどの合理主義的自然法学が台頭してくる以前の自然法論では、「自然的 natural」という言葉が、周囲の状況の影響によって自生的に形成されてくる人間の諸制度を示唆するような文脈で用いられていた。

マンデヴィルのテクストには、「私悪を公益に転じさせる練達した為政者による巧妙な管理」に言及するフレーズがたびたび現われるので、マンデヴィルは政府干渉あるいは政府介入による人間の経済活動の方向付けを支持していた、と解釈する論者は少なくない。フランスの啓蒙主義時代の唯物論哲学者エルヴェシウス（一七一五―七一）も、そのようにマンデヴィルを解釈し、その影響の下で、人々の利害を人為的に一致させる方法を探求しようとした。そのエルヴェシウスの影響を受けたベンサムも、人為的に一致させるための制度を構想した。ベンサムは、各人の欲求を、最大多数の幸福と一致させるための各種のサンクションを考案したことが知られている。

ハイエクに言わせれば、そうした解釈はミスリーディングである。マンデヴィルの主要な関心は、むしろ、**人々の異なった利害を調和させるための制度がいかにして成長＝進化するか**、ということに向けられていた。彼は、何世代にもわたる人々の経験と観察の帰結として制度が生成し、進化するという前提に立っていたが、特に、その進化において**「法」**が中心的な役割を果たしていることに注目していた、という。「法」は、何人かの賢い立法者の設計ではなく、長期間にわたる人々の試行錯誤から成長してくるものであり、健全で慎重な判断を可能にする。進化した「法」が、人間の知恵が及ぶ限り完成した状態にありさえすれば、社会の機構全体が自ずからうまく機能するようになる、という洞察にマンデヴィルは達していた[9]。

諸個人は、進化の過程で生まれてきた**「正しい振る舞いの一般的ルール** general rules of just conduct**」**としての「法」に従うことによって、自らの私的利益の追求に専念しながらも、社会全体の公益とも合致する適切な行為へと導かれる。「一般的ルール」としての「法」が、私悪と公益を媒介しているわけである。政府の役割は、諸個人に命令し、公共の秩序の維持に強制的に協力させることではなく、賢明な法の枠組みを創出することによって、ゲームのルールを確立することである[10]。無論、それはあくまでも進化の過程で生まれてきたルールを「法」として明文化するということであって、政府自体が目標設定して、それに適合する［ルール―法］の体系を設計するということではない。マンデヴィルは、**政府の恣意的な権力行使、経済活動への干渉の余地を出来る限り縮小し、それに代わって、「一般的なルール」の下での人々の取引を活性化し、社会全体の富を増大させようとしたわけである。**

ヒュームと「進化」

　第三の領域に属するものとしての「法」と「ルール」を重視するマンデヴィルの進化論的な見方は、ヒュームによって理論的に整備されたうえで、スミスやファーガソンなどのスコットランド道徳哲学や、［バーク→歴史学派］の系譜に継承されることになった、という。マンデヴィル論よりも少し前に書かれた論文**「デイヴィド・ヒュームの法哲学と政治哲学」**（一九六四）では、「自然／人為」の二分法に収まらない第三の領域のことはまだ明確な形で言及されていないものの、道徳的ルールの「進化」の問題に焦点を当てる形でヒュームの政治・法理論が論じられている。

　ヒュームは、人々の理性的な合意＝社会契約に基づいて社会秩序が形成されるとするホッブズやロックの社会契約論を批判し、長年にわたる人々の経験や慣習を基盤とする**「習慣的黙諾 convention」**によって、社会が成り立っていると論じたことで知られている。社会に属する人の三つの義務、すなわち、他人の財産を尊重という意味での「正義 justice」、約束の遵守という意味での

ご購読ありがとうございます。このカードは、小社の今後の出版企画および読者の皆様とのご連絡に役立てたいと思いますので、ご記入の上お送り下さい。

〈本のタイトル〉※必ずご記入下さい

●お買い上げ書店名(　　　　地区　　　　　　書店　)

●本書に関するご感想、小社刊行物についてのご意見

※上記感想をホームページなどでご紹介させていただく場合があります。(諾・否)

●購読新聞	●本書を何でお知りになりましたか	●お買い求めになった動機
1. 朝日 2. 読売 3. 日経 4. 毎日 5. その他 (　　　　　)	1. 書店で見て 2. 新聞の広告で (1)朝日 (2)読売 (3)日経 (4)その他 3. 書評で (　　　　紙・誌) 4. 人にすすめられて 5. その他	1. 著者のファン 2. テーマにひかれて 3. 装丁が良い 4. 帯の文章を読んで 5. その他 (　　　　　)

●内容	●定価	●装丁
□満足　□普通　□不満足	□安い　□普通　□高い	□良い　□普通　□悪い

●最近読んで面白かった本　(著者)　　　　(出版社)

(書名)

㈱春秋社　電話 03-3255-9611　FAX 03-3253-1384　振替 00180-6-24861
E-mail:aidokusha@shunjusha.co.jp

郵便はがき

101-0021

千代田区外神田
二丁目十八—六

春秋社

愛読者カード係

お手数ですが
切手をお貼り
ください

＊お送りいただいた個人情報は、書籍の発送および小社のマーケティングに利用させていただきます。

(フリガナ) お名前	(男・女)	歳	ご職業
ご住所 〒			
E-mail		電話	

※新規注文書 ↓(本を新たに注文する場合のみご記入下さい。)

ご注文方法 □**書店で受け取り** □**直送(代金先払い)** 担当よりご連絡いたします。

書店名	地区
取次	この欄は小社で記入します

書名	冊
	冊
	冊
	冊
	冊

「誠実 fidelity」、統治者への服従という意味での「忠誠 allegiance」は、いずれも（それぞれ自己の利益を追求する）人々の間の「習慣的黙諾」として生まれてきたものである、という。

ハイエクはそうしたヒュームの「習慣的黙諾」論を、進化論的に解釈することを試みているわけである。ヒュームにとって、**道徳的信念は、生得的という意味で自然ではなく、人間の理性による発明でもなく、文化的進化**（cultural evolution）**の所産である**。その進化の過程において、人々の努力をより効果的に実現すると判明したルールだけが生き残り、効果的でないと分かったものは排除されることになる。[11] そうした取捨選択に際して、人々の間でわざわざ約束が交わされるわけではない。習慣的黙諾の形で、採用されるものと排除されるものが徐々に分かれてくる。言語や貨幣が流通するのに明示的な合意が必要でないのと同じことである。

人々が従うべき振る舞いのルールが「進化」した結果として、秩序が形成されてくる。人々の活動を効率的にし、社会全体の効用を増大させる道徳的なルールを基盤として法制度も進化するわけであるから、ヒュームにあっては、法・政治理論と経済理論は密接に関連している。法や道徳の進化なしに、経済だけが進化することはないのである。

『人間本性論』（一七三九‐四〇）の中の「正義と所有の起源」を論じる章でヒュームは、人々の欲求や必要を満たすための生活手段が自然界に不足していることと、人間が基本的に自分自身と身近な仲間にしか関心を持たない生き物であることが、「正義」の起源であるとの見解を示している。乏しい生活手段をめぐって、人間同士の間で争いが起こることを回避するには、「私のもの」と

「他人のもの」を区別する必要がある。そこでヒュームが三つの基本的自然法と呼ぶ、「所有の安定」「同意による財産の移転」「約束の履行」といったルールが形成されてくる。これらの基本的ルールから、我々の知っている全ての正義と法の体系が導き出されてくるわけであるが、ヒュームはこれらのルールが意図的に発明されたものではないことを繰り返し強調している、という。

ヒュームは多くの労苦を払って、これらのルールのそれぞれについて、どのようにこうした規則が次第に遵守されるようになり、最終的には強制されるようになるのかを説明している。／たとえば彼は次のように書いている。「所有の安定にかんするルールは、漸進的に生起し、緩やかな進歩と、それを破ると不都合が起こるという経験が積みかさなることによって強制力を得る」。同様に、「もし人びとが（約束の遵守にかんして）特定の利害という観点から自分たちの行動を規制するとすれば、際限のない混乱に巻きこまれるようになるのは明らかである」。（……）実証された効用を重視することで、このような制度が採用されているのは人びとがそうした効用を予見したからであると彼がいっているかのような印象を与えるかもしれない。それをふせぐために、彼は効用について言及するときにはつねに、「瞬時にしてその省察が生じたかのように仮定しているだけで、実際には知らず知らずのうちに少しずつ生起するものである」ことを強調している。[12]

「ルール」が採用され、伝承されていくのは、それらに「効用 utility」があることが明らかになるからであるが、その「効用」は当該の「ルール」が人びとに遵守されるようになる以前から予見されているわけではない。はっきりと意識しないでその「ルール」に何となく従いながら生活し、それを〝破る〟と不都合が起こることを経験する内に、自分たちの「ルール」の「効用」に気付き、事後的にそれを定式化するようになるわけである。

　つまり、**人々が事前にその「ルール」の「効用」をはっきり知らないことが、「進化」の観点から重要なのである。**これは一見、逆説的であるように聞こえるが、「ルール」の「効用」を予め承知であった場合、どうなるかを考えれば、理解しやすくなる。もし、どういう「ルール」がどういう効用をもたらすか予め分かっているとすれば、自分たちの特定の利益を実現するためにある特定のルールを採用しようとする人が出てくると考えられる。当然、それとは別の利害関係がある人は別のルールを採用すべきだと主張することだろう。そうなってしまったら、公正なルールを選びようがないだろうし、仮に一部の人々が自分たちに都合の良い〝ルール〟を採用し、他の人びとに押し付けることに成功したとしても、それでは、本来の意味での「ルール」ではないだろう。

　このように、**「ルール」の遵守を、その「効用」の予見可能性と切り離して考える点で、ヒューム＝ハイエクの「ルール」観は、功利主義的な「ルール」観とは根本的に異なる。**功利主義の中には、個々の行為がもたらす直接的効用を問題にする——従って、最大多数の幸福のためになることが分かっていれば、既存のルールを破ることも正当化されるとされる——行為功利主義と、ルールの体系を守ることによって得られる「効用」を重視するルール功利主義という二つのタイプのものがあり、後者の方は一見ヒューム＝ハイエクのルール観に極めて近いように思えるが、「ルール」の「効用」の予見可能性という点で見方が異なっている。[13] ヒューム＝ハイエクは、「効用」があると最初から分かっている〝ルール〟が遵守されるようになるとは考えないし、そのような〝ルール〟を採用す〝べき〟だとも主張しない。

ヒューム＝ハイエクの「ルール」観においては、誰にとってどういう種類の利点があるのか具体的に予見することができず、その意味で、ゲームの公正さ、非党派性を保てるような性質を持っていることが、効用性の高い「ルール」の条件である。そうした「ルール」が、進化の過程で自生的に形成されることで、社会に秩序が生まれてくるのである。

ヒュームのさらなる関心は、主に、同一の「正義の一般的かつ不変のルール」の普遍的適用のみが、一般的秩序の成立を保証するということ、さらに、もし秩序が結果として存在すべきであるならば、適用の指針となるのはルールの普遍的適用だけであり、特定の目的や結果ではないということを示すことである。個人や社会の特定の目的にたいする関心や、特定の個人の価値にたいする考慮は、一般的秩序を成立させるという目的を損なってしまうであろう。こうした主張は、人間は浅慮で、遠い先の利益よりも目先の利益を選ぶ性向があり、さらに結果のいかんに関わらず個々の事例に適用される一般的かつ不変のルールに拘束されない限り、真の長期的利益を適切に評価してそれに従って導かれることはできない、というヒュームの信念と密接に結びついている。[14]

「一般的ルール」と「法の一般性」

本書の第一章で見たように、ハイエクは『隷属への道』の段階で既に、文明の発展に伴って個人の行動を拘束するルールが次第により「一般的」なものになっていくことを示唆していたが、ここでは、そのことが「一般的秩序」の成立という視点から説明されている。ルールが「一般的かつ不変 general and inflexible」である必要があるのは、先に述べたように、特定の個人や集団の目的や価値観によって、ルールの運用が左右されることがあってはならないし、社会全体に利益だといっても、短期的利益にのみ目を奪われて長期的利益が見失われることがあってはならないからである。

各人が他者による所有の侵害等を過度に恐れることなく、安心して活動できる状態、すなわち「一般的秩序」が形成されるには、個々の人間の視野の狭さや価値観、利害関係などに左右されることなく、全ての人を同じ様に拘束する「一般的かつ不変なルール」が通用するようになっていないといけない。「一般的かつ不変なルール」の作用によって、各個人の活動の自由の余地が拡がり、社会全体の長期的利益がもたらされるのである。無論、この場合の「不変 inflexible」というのは、未来永劫変化しないということではなく、個別の事情や利害によって捻じ曲げられることなく、「一般性」を保持するということである。

そうした意味での「一般的かつ不変のルール」が、各人に内在する普遍的理性とか合理性によるのではなく、長い期間の試行錯誤を経て「進化」し、人々に習慣的黙諾という形で受け入れられ、遵守されるようになった、という見方に、ヒューム＝ハイエクの「ルール」観の特徴がある。この点の意味するところをはっきりさせるために、近代法の大原則である「法の一般性」の意味するところについて、少し考えてみよう。

ルソーの「一般意志＝法」論[15]や、法や道徳の普遍性をめぐるカントの議論[16]の影響を——直接的あるいは間接的に——受けている現代の倫理学者や法哲学者の多くは、法あるいは道徳の「一般性」は、万人に宿っている普遍的理性から導き出される（べき）と考える傾向がある。万人、あるいは、少なくとも社会を構成する圧倒的多数の人が、自らにも宿っているはずの（普遍的）理性を働かせ、合理的だと判断し受け入れるような「ルール」だからこそ、特定の利害関係や価値観に偏ることなく、「一般的」だと考えるわけである。その逆に、理由もよく分からないまま〝みんな〟が何となく従ってきたような慣習的なルールは、合理的推論に基づいておらず、その慣習を保持してきた集団に固有の価値観や目的と結び付いているので、「一般性」は主張できないと見なされがちだ。「一般性」に到達するには、慣習的なものは、乗り越えられなければならない、ということになる。

ハイエクはヒュームのルール進化論に依拠する形で、そうした常識的——で、デカルト合理主義的——な見方の根拠を問い直し、転倒する。つまり、**進化の帰結として生成してきた「一般的かつ不変のルール」が社会に定着し、〝普遍的法規範〟として人びとに認識されるようになった帰結と**

して、カント的な［法＝一般性＝普遍的理性］という理解が可能になった、というのである。カントは近代において、「普遍的法規範」という概念に最初に到達した人であり、カントの法哲学は「法治国家」論の原点と見なす思想史研究者は少なくないが、ハイエクに言わせれば、カントがそのような議論を展開できたのは、英国などで「法の支配」や「法の下の自由」という概念が既に定着しており、そうした「法」の一般性を、進化論的に証明するヒュームのような議論が登場していたからである。(17)

このように、習慣的黙諾という形で進行する「進化」の帰結として「一般的ルール」が立ち現われて来るという（逆転の）発想をヒュームから援用することによって、ハイエクは、「法の一般性」についての思想史の常識を覆すわけである。

六七年の論文**「行為ルールシステムの進化」**では、マンデヴィルやヒュームのルールの進化論と、動物行動学や人類学など、自然科学の知見を接合する形で、学習によって獲得され、文化的に伝達される「振る舞いのルールの進化」の仕組みが考察されている。(18)この考察は、このすぐ後で見る『法と立法と自由』での進化論的考察へと発展していく。

心と社会の同時的進化

後期の著作**『法と立法と自由』**でハイエクは、マンデヴィルやヒュームの「ルールの進化」論を、本書の二章で見た、彼流の「個人主義―自由主義」及び「法の支配」の歴史記述と接合する形で、

［進化―ルール（法）―自由］の三者関係を体系的に記述している。

進化の過程で自生的に発展してきた「一般的ルール」、及びそれをベースとする「法の支配」を背景とする形で、英国を中心に「個人主義―自由主義」の伝統が形成され、「自由」と「ルール」についての理解が深まっていく一方で、デカルトに始まる設計主義的合理主義が、そうした進化論的な「自由」観を破壊し、社会全体を合理的に再設計・組織化しようとしている……それが、ハイエクがこの著作で示す思想史の基本的構図である。

つまり、マンデヴィル、ヒューム、スミス、ファーガソンなど、「法の支配」の意味を理解し、「ルールの一般性」との関係で真の自由主義を基礎付けようとした英国的伝統に属する論者たちの見解は、「ルール」を軸とする社会的進化という歴史的現実に根ざしているのに対し、設計主義的合理主義の陣営は、そうした進化の流れを遮断し、更には、逆行させようとする反動だ、ということになる――現代の進歩主義的知識人の多くはその逆に、スミスなどの古典的自由主義を再評価するハイエクの方が反動的だと考えがちである。

ハイエクによれば、高度に分業体制や交換関係が発達し、人びとの利害や価値観が多様化している**「大きな社会** the Great Society**」**（アダム・スミス）もしくは**「開かれた社会** the Open Society**」**[19]（ポパー）は、社会全体の目標を設定し、その実現に向けて人びとに具体的に指示するのではなく、各人の行為を規制する「一般的ルール」のみを採用し、その下で各人の自由の余地を拡大していく。というより、そうしなければ、「大きな社会」の秩序を維持することはできない。しかし、設計主義者はそのことを理解できない——もしくは理解していても受け入れることができない——で、社会の全てを（自らの）理性によって一元的に管理しようとする。ハイエクは、全体主義に繋がりかねない、そうした先祖返り的傾向を、閉ざされた社会における部族倫理（tribal ethics）を憧憬する、部族的情緒（tribal sentiments）に起因するものとして、厳しく非難する。[20]

　そうした独特な思想史理解を基礎付けるために、ハイエクは、進化し続けるルールが諸個人の「心」にどういう影響を与えるか、という哲学・心理学的問題を論じている。彼は先ず、設計主義的合理主義と結び付いている「デカルト的二元論」と対比する形で、「心」と「ルール」の関係について以下のような見解を示している。

> 設計主義的合理主義の誤りはデカルト主義の二元論と密接に関連している。その二元論とは、自然というコスモスの外部に立ち、あらかじめ精神を与えられた人間がその生活を営む社会制度や文化の設計をすることができる、独立に存在する精神的実体の観念のことを意味する。しかし実際には、この精神は自然・社会環境への適応であって、それが社会構造を決定する諸制度との絶え間ない相互作用のなかで発展してきたというのが真相である。精神は制度に働きかけて変更する何ものかであるとともに、制度のなかで育ったのであってそれ自体がつくったのではない社会環境の産物である。精神は人間が社会のなかで育み、生活を営む集団の存続機会を広げた習慣や実践を習得した結果である。社会における生活を可能にした諸制度を設計する

すでに十分発達した精神という観念は、人間の進化にかんするわれわれのすべての知識とは正反対である。[21]

デカルトの二元論というのは、私たちの精神=心（mind）が属する心的世界と、身体が属する自然界もしくは物理的世界が、相互に独立に実体的に存在するという考え方である。そのため、精神としての「私」自身は、物理的世界での現象には基本的に影響されることなく、外側から物理的世界を客観的に観察することができ、かつ、その観察によって発見された自然法則に従って物理的世界に――「私」自身は影響されることなく――操作を加えることができる、と考えがちである。その発想の延長で、社会制度や文化も、「私」の「外」にある物理的世界の一部であるとすると、社会制度や文化も、他の物理的対象と同様に客観的に観察可能で、かつ、設計によって作り変えることができるはず、ということになる。それが、ハイエクが一貫して批判している設計主義的合理主義である。

しかし、自然・社会環境と独立に、「私」という不変の「精神的実体」があるわけではなく、環境との絶え間ない相互作用の中で、「私」の知のあり方も変動している、ということになれば、話は違ってくる。理論心理学的著作である**『感覚秩序』**（一九五二）でハイエクは、物理的刺激から直接的に構成される「物理的秩序 physical order」と、神経系を介して、感覚的な質（sensory qualities）を伴うものとして構成される「現象的・心的秩序 phenomenal or mental order」の違いを前提に議論を進めているが、同時に、感覚的な質は絶対的なものではないことを強調し、物質とは異なる「実体」としての「心」を想定する二元論をはっきりと否定している。[22] この著作でのハイエクの議論はかなり複雑であるが、要は、**「心（的秩序）」とは、物理的刺激を分類し、多層的に整理＝秩序付け**（order）**していくシステムの総体なのであって、物理的な刺激から完全に独立に、「心」が単独で作用することはない**のである。

実体としての「心」を認めないという点では、ハイエクはデカルトやカントよりも、最大の敵であるはずのマルクス主義の依拠する「唯物論」に近いように思われる。そのことはハイエク自身も認めている。ただし、物理世界に見出される事象の秩序と全く同じ秩序によって「心」が支配されているわけではないと考える点で、通常の唯物論とは異なる、と断っている。[23]

こうしたハイエクの心的秩序論の視点から考えると、「精神」としての「私」が、自らの環境を〝外〟から客観的に観察し、かつ操作しているつもりになっていたとしても、実際にはそれは幻想にすぎない、ということになろう。**「私の心」は環境の中に深く組み込まれていて、環境から全く独立に思考することはできない。**デカルト的合理主義は、合理的な設計によらない慣習的なものを蔑視するが、その蔑視している「私の心」自体が慣習的なものと不可分に絡み合っていて、慣習から自由に、自分の環境を把握することはできないのである。

「私（の心）」自体が、私が営んでいる社会生活の産物であり、その社会生活を可能にしている制度は、「進化」の途上にある。自らも社会的進化の産物である「私」が、自分自身を生み出した

「進化」の過程全体を「外」から客観的に把握し、その軌道を再設計することはできないのである。

「ルール」と「私の心」はどうつながっているのか？

既に見たように、ハイエクの進化論では、「ルール」を中心に社会的「進化」が起こるわけであるが、この「ルール」と「私の心」はどのように関係しているのだろうか？（無自覚的にデカルト的二元論の影響を受けているであろう）〝私たち〟の常識からすれば、複数の人びとが理性を働かせ、自然法則的な見地から社会全体のためになると予想できるルールを発見し、みんなの合意を得て採用する、というような発想をしがちだ。万人に備わっている理性に適合するルールでないと、うまく機能しないと思ってしまう。あるルールが世代を超えて継承されていくことが可能なのも、それぞれの世代に属する各人が、そのルール合理性・効用性を自らの理性によって確認しているからだ、と考えたくなる。そうでないとすると、〝私たち〟の圧倒的多数は、（少なくとも自分ではない）誰かによって決められたことにただ従うだけの、理性も主体性もない存在ということになりそうなので、不快に感じる人が多いだろう。

ハイエクは、そうした「理性」あるいは、その所在地としての「私の心」を起点に「ルール」を理解する考え方を否定する。彼は、他の動物が進化の過程で獲得する群れとしての集団行動のルール（規則性）と、〝私たち〟人間にとっての振る舞いのルールの間に絶対的な差異があると想定しない。むしろ動物の群れがルールに従って＝規則的に行動するようになるのと同様に、人々が集団として行動をし、自覚的・無自覚的な経験を積み重ねていく内に、その集団の生き残りに適したルール（規則性）が形成されてくる、と考える。「私（たち）の身体」がそのルールに従った振る舞いを続け、適合するようになるにつれ、「私（たち）の心」もそれに対応した認識・行動のメカニズムを備えるようになるわけである。

『感覚秩序』以降のハイエク独自の「心の哲学」からすれば、「心」が、身体的な振る舞いのルールに左右されることなく独自の精神世界を構築しているわけではなく、ましてや、そこを起点として、自己の身体を含む環境を外側から客観的に把握するというのは、無意味な想定である——デカルト的合理主義者に端的に見られるように、そうした「外からの環境把握」が可能であるという幻想を〝我々〟が抱いてしまうことはしばしばある。**「心」が「ルール」を作ったから、「ルール」を認識できるのではなく、むしろその逆に、「ルール」が「心」の発達を促すのである。**

> 人間は考える前に行動し、行動してからでないと理解しなかったのである。いわゆる理解とは、つまるところ、人間の存続を助ける行動パターンをともなって環境に反応する能力を指すにすぎない。（……）人間、動物を問わず、「経験から学ぶこと」は、まず第一義的には、理性の行使の過程というより、成功にむすびついたために一般化した実践を守り、広げ、伝え、発展させる過程である。（……）この発展の結果は、最初は明確に表現された知識の形をとらず、ルールという形で記述はできるが、言葉で言明することができず、実践のなかでのみ守ることが

できる知識となる。精神はルールをつくるというよりはむしろ、行為のルールすなわちルールの複合体を構成するが、これは精神の産物ではなく、このルールにしたがった行為が競合する個人または集団よりも成功することが明らかとなったため、個々人の行動を支配するようになったのである。[24]

このようにハイエクは、**集団における「行為」の規則性（ルール）が、経験を通して進化するのと連動して、「理性」も進化する**と考える。ハイエクは、自然科学的な法則を社会科学に直接適用しようとする、設計主義的合理主義には反対するが、それは、ドイツ観念論系の哲学のように、「精神＝心」の世界を中心に、人間の自由を考えるということではない。その逆に、具体的な「行為のルール」の進化によって、各人の行為の自由の余地が拡大し、理性もまた発達する、という〝唯物論〟的な見方に徹することで、自己の周囲の環境を支配している法則を見通し、制御できる「理性」を暗黙の内に想定し特権化しようとするデカルト的合理主義に挑戦しているわけである。ただし、逆と言っても、物質としての「身体」の進化に、「心」が追随するということではなく、焦点になるのは、あくまでも集団の中での振る舞いの「ルール＝規則」である。

ハイエクは、私たちの「理性」自体も進化の途上にあると見なし、その限界を前提として展開する自らの合理主義を、**「進化論的合理主義** evolutionary rationalism**」**[25]と呼んでいる。

「無知」の「知」

設計主義的合理主義に基づく社会理論は、行為に際して各人が関連する全ての事実について完全な知識を持っているかのように議論を構築する。自分のやろうとしていることが、どういう帰結に至るか把握したうえで行為することを、「合理性」と考えているからである。これに対して、「ルールの進化」との相関関係という側面から見た「理性」の限界を認めるハイエクの進化論的合理主義においては、行為主体は、文字通り全てを知っている必要はない。（進化途上にある）「ルール」に従って行為することができれば、十分な合理性をもって振る舞えるのである。

設計主義的アプローチは誤った結論に導く。なぜなら、人間の行為は知っている特定の事実と、知らないまたは知りえない多くの事実との双方に適応していくがゆえに、原始段階において成功するだけでなく、文明段階でなお一層成功するからである。そして人間を取り巻く、一般的事情へのこうした適応は、人間が行為するなかで守ることはできるが、かれが設計したのでもないし、はっきりそれと知らないことも多いルールの遵守からもたらされる。言い換えれば、環境への適応は、因果関係の洞察のみから成るのではなく（おそらく中心ですらなく）、われわれが住む世界に、すなわちわれわれが気づかぬままに成功する行為のパターンを決定している諸事情に、適応していくルールに支配されている人間の行為から成っているのである。[26]

このように、ハイエクの言う進化論的合理主義の発想では、進化の過程で生成してきたルールを遵守することを通して、我々は自分でも気づかない内に、成功する行為のパターンを身に付けることができるのである。我々は、自分の置かれている環境についてよく分かっておらず、その環境の中で自分の行為がどのような効果をもたらすか予測できない。その意味で、個人としての我々一人一人は、極めて無知である。しかし、そうした根源的な**「無知 ignorance」**にも関わらず、進化したルールの体系の作用によって、社会の中に、自生的秩序が形成されているのである。

「ルール」を通しての行為パターンの形成が、各人の「無知」ゆえの不確定性を克服するという論点は、特に、「大きな社会」における、不特定多数の人々の相互作用を問題にする経済学にとって重要である。いかにして無知な人々の交渉の中から、自生的秩序が立ち上がってくるのかを説明することが、アダム・スミス以来、近代経済学の中心的課題であった、とさえ言えよう。

「小さな社会」、閉ざされた部族社会では、その社会を構成する全員が、事情を承知したうえで、目標を共有し、共同行動を取ることはある程度可能であったかもしれない。しかし、何百万人もの人の間に、誰も全体を見通せないような複雑な利害関係が成立している「大きな社会」においては、それは無理である。無知であっても、協調できるような仕組みが必要になる。

何百万もの人間が作用しあい、周知の文明を発展させてきた。大きな社会または開かれた社会では、情況は一変する。経済学はそうした情況が内包する「分業」を長い間強調してきた。しかし、経済学は知識の分散化を、つまり、社会の構成員は全員によって所有されている知識のほんの一部しかもちえないことを、したがって各人は社会の営みの基礎になっている事実の大部分について無知であることを、分業ほどは強調してこなかった。しかし、あらゆる進歩した文明のはっきりとした特徴をなしているのは、ある一人の人がもちうるよりもはるかに多くの知識の活用であり、したがってひとりひとりにとってはその大部分の決定因子のわからない一貫した構造の範囲内で各人が活動しているという事実である。[27]

「知識の分散化」の重要性

「分業 division of labor」以上に、その前提となる**「知識の分散化 fragmentation of knowledge」**を重視すべきだというのは、ハイエクが、彼が狭義の経済学よりも社会理論に力を入れることになる転換点になった、比較的初期の論文**「経済学と知識」**（一九三七）での問題提起以来、彼が一貫して追求していたテーマである。この論文でハイエクが関心を向けているのは、新古典派などの理論経済学が前提としている市場の「均衡」が実際に成立するとすれば、それは、どのような具体的経路によって達成されるのか、という問題だ。

　市場に参加している当事者たちは、取引の対象となる商品の原材料、生産工程、工場の立地、労働力の調達、流通経路、輸送費、潜在的競争相手などについて一定の知識を得たうえで、自分の行動計画を立て、振る舞い方を決定しようとする。市場において完全な「均衡」が成立しているとすれば、当事者たちの間で、関連する事情についての全ての知識が時間差なく共有されている必要がある。そうでないと、お互いの経済行動についての予測が立たず、均衡が崩れることになる。しかし、現実には、関連する全ての状況を把握している人などいない。にもかかわらず、新古典派などの主流派経済学は、あたかも「完全知識」を所有したうえで合理的に振る舞うことのできる「(合理的)経済人」たちによって市場が構成されているかのように議論を進めようとする。それに対してハイエクは、そのような非現実的な仮定に依拠し続けるのではなく、**「知識の分業** division of knowledge**」**[28]という事実に注意を向け、そのメカニズムを解明することに力を入れるべきだと主張する。知識がどのように獲得され、交流され、各人が知っておくべきことの範囲がどのように決まってくるのか、ということである。

ハイエクは、三〇年代後半に社会主義計算論争に参戦した際にも、「知識」の問題を強調している。この論争は、ハイエクの師の一人であるミーゼスが、生産手段が公有化され、生産量を国家が決定する社会主義経済においては、価格メカニズムが働かないので、経済運営のための合理的計算は不可能であると主張したことに始まる。これに対して、ポーランドの経済学者オスカー・ランゲ(一九〇四-六五)やアメリカの経済学者フレッド・M・テイラー(一八五五-一九三二)等は、市場での価格形成のメカニズムをシミュレーションする形で、中央計画当局が価格決定することが可能だと反論した。ミーゼスを引き継ぐ形でこの論争の一方の代表になったハイエクは、計画当局がそれぞれの生産物の適正な生産量や価格を決定するのに必要となる全ての知識を収集するのは事実上不可能であることを強調した。実際に市場で取引が行われ、価格メカニズムが作動することによって、人びとは自らの経済活動に必要な知識を得るのであって、そうしたプロセスなしに、机上の計算で適正価格を導き出すことはできない。ハイエクからして見れば、主流派の経済学も社会主義経済学も、「知識の分業」の意味を理解せず、最も合理的な状態を理論的に導き出せると考える点では、同じだったわけである。

論文**「社会における知識の利用」**（一九四五）では、社会主義経済計算論争での議論を更に発展させて、価格メカニズムの発しているシグナルによって、本質的に重要な情報（だけ）が人びとに伝達され、各参加者が正しく行為するのに必要な知識が節約されている、と主張する。我々の社会のような広範な分業に基礎を置く社会は、価格メカニズムなしには維持され得ない。ハイエクは更に、哲学者ホワイトヘッド（一八六一―一九四七）の「文明は、われわれがそのことについて考えることなしに実行することができる作業の数を増やすことによって進歩するのである」という言葉を引きながら、我々は自分ではその意味を理解していない公式、記号、規則（ルール）などを慣習的に使用することによって、個人的には所有していない知識を利用していることを指摘している。[29]

「経済学と知識」や「社会における知識の利用」では、主として、市場での価格メカニズムという、人びとがある程度意識的に利用するシステムの情報伝達機能に焦点が当てられていたが、『法と立法と自由』では、進化論的なアプローチが明示的に採用されたことで、人々が無意識的、暗黙に従っている「振る舞いのルール」までも視野に入れることが可能になった。[30]

自生的秩序の基盤となっている「振る舞いのルール」の体系は、試行錯誤を経て蓄積された社会全体の集合的英知が結晶したものであり、それに従って振る舞うやり方を「知っている」限りにおいて、各人は（〝合理的〟に振る舞うのに必要なはずの知識を持っていないという意味で）無知でありながら、社会の集合的英知を利用して、利益を得、自分の目的を実現することが可能になる。私（＝仲正）なりの分かりやすい例を出すと、パソコンの操作の仕方（＝振る舞いのルール）を知っていれば、パソコンを動かしている半導体やバッテリーの性質、各種内蔵ハードウェアやプログラム、インターネットの仕組みなどを知らなくても、ネット上の様々な情報を利用して、複雑な操作ができるのと同じようなことである――パソコンの場合、製造したメーカーによって操作の仕方が予め設定されている点が異なるわけだが。

「振る舞いのルール」は、価格メカニズムなどの情報伝達システムを根底において支え、知識が利用される道筋を整備し、たとえ明示的な知識が利用できない場合でも、適切に振る舞うことを可能にし、進化の過程で自生的に形成されてきた秩序を維持しているのである。[31]

「エコノミー」から「カタラクシー」へ

ハイエクは、進化した「振る舞いのルール」のおかげで、人々が自分の知らない知識を活用することによって自生的に形成される市場の秩序を、**「カタラクシー catallaxy」**と呼んでいる。「カタラクシー」というのは、ギリシア語の動詞〈katallattein〉からハイエクが作り出した造語である。

〈katallattein〉は、「交換する」の他、「コミュニティに入る」「敵から味方に変わる＝和解する」といった意味を持つ[32]。敵対するのではなく、共通の枠組みの中で、相互の利益を調整する、というようなニュアンスを含んでいるわけである。

ハイエクが、「カタラクシー」という新しい言葉を必要としたのは、「経済 economy」という言葉では、「自生的秩序」としての市場の秩序の特徴をうまく表現できないからである。「経済」の語源は、ギリシア語の〈oikonomia〉であるが、これの原義は「家 oikos」を運営する術、「家政術（学）」あるいは「家計」である。その原義を引き継いでいる〈economy〉はしばしば、個人、家、企業などが、一定の目的の実現に向け、手持ちの様々な手段を計画的に利用することを指す。その場合、個人、家、企業が、それぞれ独立した「経済」の単位になるわけである。「社会主義経済」という時の「経済」にも、そういうニュアンスがある。つまり、社会全体が一つの単位となって、目的実現のために各種の資源を計画的に利用しているものと見立てられるわけである。

ハイエクに言わせれば、市場秩序は、そうした意味での「経済」をそれぞれ営んでいる諸個人や家族、企業体が、法的ルールに従いながら振る舞うことの帰結として、自生的に形成されるものではあるが、それ自体は、先に述べた意味での「経済」ではない。「市場」全体が一つの目的の実現に向けて計画を立て、その実現のために各人に指示を与えるわけではない。むしろ、様々な目的と計画を持った社会の構成員たちの諸「経済」を相互調整するのが、市場秩序である。そこで、特定の目的のための計画遂行としての「経済（エコノミー）」とは区別される、市場の調整作用を言い表す概念が必要になってくるわけである。

「市場」の「エコノミー」とは異なる側面を表現するために、ギリシア語の〈katallattein〉を利用するというのは、必ずしもハイエクのオリジナルなアイデアではない。英国の神学者・経済学者のリチャード・ウェイトリー（一七八七―一八六三）は『政治経済学講義』（一八三一）の中で、当時「経済学」の一般的名称として使われていた「政治経済学 political economy」は、「政治 politics」と「家政 economy」という異質なものを合成しているおかしな表現だと指摘したうえで、人間は「交換する動物 an animal that makes Exchanges」であることから、「交換学 Science of Exchanges」という意味での「カタラクティクス Catallactics」という用語を使っている[33]。

ウェイトリーの造語はその後一般化しなかったが、その百年以上後になって、ミーゼスが、主著『ヒューマン・アクション』（一九四九）で、やはり「交換学」的な意味合いで「カタラクティクス」を使っている。ミーゼスの「カタラクティクス」は、貨幣価格と経済計算が存在するシステムとしての市場での「交換」関係を分析する学、狭義の「経済学」を意味する[34]。

ウェイトリー＝ミーゼスの「カタラクティクス」は、市場での「交換」についての「学」であったが、ハイエクは、「交換」が成されている市場秩序それ自体を指す言葉として、「カタラクシー」という新たな造語を提案したわけである。ただし、用語的に対応していてもハイエクとミーゼスの「交換」観が完全に一致しているわけではない。

ミーゼスは、それぞれが自分にとって最も効率的な選択によって自己の欲求充足を最大化しようと――市場での価格の動向を見ながら――模索する諸個人（＝合理的経済人）の間で「交換」が行われる、という新古典派的な前提で「交換」を論じている。個人の計算的な「理性」を基準に考えていたわけである。[35] それに対して、ハイエクはここまで見てきたように、各人に合理的な行為をする能力があるから、「交換」をめぐる秩序が形成されるとは考えない。長い進化の過程で生成し、集合的英知を凝縮している「ルール」に即して各人が意識的・無意識的に行為するから、各個人や集団の「エコノミー」が相互に調整され、「秩序」が形成されるのである。ハイエクの「カタラクシー」は、**個人の「理性」ではなく、非人格的な「ルール」に基づく自生的秩序なのである。**

カタラクシーと抽象的ルール

ハイエクによれば、「カタラクシー」が発達していることが、「大きな社会」の条件である。何故なら、「大きな社会」というのは、単に人口規模が大きいだけでなく、異なった目的、価値を追求する人々が生きる「開かれた社会」でもあり、そこに生きる人々が単一の「エコノミー」の下で統一行動を取ることはありえないからである。一つの「エコノミー」の下で部族的共同体が、統一行動を取る「小さな社会」とは違って、「大きな社会」では、違った目的を追求している人たちが――たとえ感情的な絆のようなものがなくても――「交換」を通して相互に利益を得られるように調整する「ルール」が必要になる。人々がその社会の中での利害関係の全体的連関を把握しなくていなくても、「交換」に際して「ルール」に従うことで、各自の目的追求・計画遂行（エコノミー）

にとってプラスになる振る舞いへと〝自然と〟誘導される仕組みが、「カタラクシー」である。

> 具体的な共通目的を欠くところでのそのような平和的共同行為を可能にした決定的段階は、物々交換または交易の採用であった。それは、さまざまな人間は同じ物について違った用途をもっていて、二人の個人が相手のもっているものを入手して代りに相手が必要とするものを与えるとすれば、それぞれに利益を得られることが多いという単純な認識であった。このことをもたらすために必要なことは、各人に属するものと、その所有物をどうしたら同意のうえで移転できるかということを定めるルールが承認されることであった。当事者たちは、この取引が貢献する目的について合意する必要はないのである。取引の各当事者の異なる独立した目的に貢献し、かくて異なる目的のための手段として当事者たちを助けるというのが、そうした交換行為の特徴である。それどころか、かれらのニーズが違っていればいるほど、交換から大きな利益を受けると思われる。組織の内部では構成員が同じ目的をめざしてなされる程度までしか相互に助けあわないが、カタラクシーでは、相手を気づかったり知ることさえなしに、他者のニーズに貢献するように仕向けられる[36]。

ここでハイエクが強調していることは、交換に関する一般論にすぎないように思えるが、注意すべきは、交換の両当事者が、単に異なるニーズ（欲求）や価値（観）、選好を持っているだけでなく、

異なる目的（purpose）**を追求していることを強調している点**である。異なった、相互に独立の「目的」を追求している二人の個人の間には、基本的に接点はなく、協力して何かを成そうとするインセンティヴは働かず、そこからは、いかなる共同性も生まれて来ないはずである。共通の目的の下に、一つのエコノミーの体制を築いている「小さな社会」とは異なる。

にもかかわらず、進化した「ルール」の下で交換することによって、双方がそれぞれの「目的」を変更することなく、間接的にお互いの利益の増進に貢献することができるわけである。むしろ、お互いの目的がより異質であり、それゆえ異なった知識や経験を蓄積している方が、そうした知恵が、それぞれが交換しようとしている物に反映していて、交換によって得られる利益がより大きくなると考えられる。いずれの側にも偏しておらず、特定の方向に誘導することのない、一般的かつ抽象的な性質の「ルール」があることによって、各人は安心して、本来共通目的がない相手と取引できるのである。

異なった目的を持つ者たちの利害が、いずれもプラスに向かうよう、一般的かつ抽象的な「ルール」が仲介する「カタラクシー」のメカニズムが機能していることによって、「大きな社会」では、個人の「自由」が保障されるのである。他人に強制・干渉されることなく、自分固有の目的を追求する「自由」である。だからこそハイエクは、「カタラクシー」を〝省略〟し、全ての人を一つのエコノミー体制に組み込み、強引に目的を共有させようとする、あるいは、共通目的が不可欠だと思わせようとする、集産主義あるいは設計主義的合理主義に徹底的に抵抗するのである。

カタラクシーの重要性

こうしたハイエクのカタラクシー擁護論は、結論的には、通常の経済学的自由主義とあまり変わらないようにも思えるが、既に述べたように、「個人の理性」ではなく、進化の所産である「一般的で抽象的ルール」に依拠しながら議論を進めているため、論証のための概念的道具がかなり異なっている。

第一に、マンデヴィル、ヒューム、タッカー、スミス等によって「交換」のもたらす効果が認識されて以来、**市場を研究する経済学者たちは、各人の利己性と、分業体制が大きな役割を果たすことを強調する傾向があるが、ハイエクはそれから距離を取る。**マンデヴィルやヒュームを思想史的に高く評価していても、「交換」についての見解は彼らとは異なるわけである。彼らの見解の中の真に評価すべき部分を純化する形で、カタラクシー概念を練り上げたと言えるかもしれない。

カタラクシーは、それに従って行為する人たちが、利己的であるか利他的であるかに関係なく、様々な知識や目的を調和させる。分業は、自生的秩序としてのカタラクシーにおいてだけでなく、単一の目的を共有する人為的な組織においても行われる。その意味で、分業それ自体は、「交換」の体系であるカタラクシーの特徴ではない。各人の独自の目的追求が、一般的で抽象的なルールを介して、直接的に接点のない見知らぬ他者との間で、お互いの知識を利用し、利益を増大させ合うような関係が——本人たちが必ずしも意識しない内に——生み出されるのが、カタラクシーであるから、そこでは、通常の意味での利己／利他性や、文字通りの意味での分業の有無は、本質的な要因ではない。一般的で抽象的なルールは、人間関係と関係なく機能するのである。[37]

もう一つは、カタラクシー的な思考においては、**人々の様々なニーズの間の単一的な順序付け**(single ordering of needs)**は存在せず、従って、市場が〝最も重要なニーズ〟を優先的に充足するかしないか、ということは問題にならない**、ということである。[38] これは、既に見たように、『隷属の道』の段階で既に示唆されていた点である。

市場を擁護しようとする自由主義的な経済学者はしばしば、各人のニーズに主観的なバラツキはあっても、同じ人間という生き物である以上ある程度の共通性はあるはずなので、何らかの集計作業によって、みんなの欲求充足度を測定することが可能であると想定し、その充足度、つまり市場の機能を測定しようとするが、それは、カタラクシーをエコノミーに読み替えることを含意している。厚生経済学は、そうした視点から社会における資源の最適配分を考える学問分野である。[39] そうした充足度の計算に際して、ほとんどの場合、現行の価格体系から人々のニーズの分布を推測することが試みられる。

ハイエクに言わせれば、そうした議論は、循環論法になっていて、意味を成さない。現行の市場のメカニズムによって、（人々の潜在的ニーズにほぼ対応する）適正な価格が現に実現されている、という前提に既に立ってしまっているからである。そういう前提がないかぎり、現行の価格を基準にし、人々のニーズの分布を推測する根拠はない。しかしよく考えてみると、個々の物の価格は、各人が自らのエコノミーの追求と交換のために利用できる——市場を通じて配分される——所得によって左右されるので、現在の市場での需要が相対的に高いからといって、それが人々の〝自然なニーズ〟に対応しているか分からない。市場での価格に合わせて、ニーズ自体が変容している可能性もある。

市場での交換を通して形成される価格が、人々のニーズに本当に対応しているか否か厳密に検証しようとすれば、価格とは異なる、第三項としての独立な尺度が必要になるはずだが、そのような尺度はどこにも見当たらない。経済学者が、恣意的にそういう尺度を設定することも考えられるが、それでは本末転倒である。

カタラクシーの中での交換によって、「小さな社会」の単一的なエコノミーに比べて人々のニーズの充足度が相対的に高くなることは確かだが、「大きな社会」では、人々が追求する目的が多様であることが前提なので、全体として欲求充足がどの程度達成されたか客観的に測定することはできないのである。統一的目的を設定して、無理に達成度を測定しようとすれば、資源の最適配分に向けて中央で制御する集産主義的なやり方や、政府による市場への介入を正当化することになりかねない。そうなると、非経済（効率）的な目的が抑圧される恐れがある。カタラクシーの中には、経済的目的／非経済的目的の区別はなく、あらゆる目的が「交換」のネットワークの中で調整されるのである。

カタラクシーはあくまでも、**各人が自らの目的実現を追求するための最善の「機会 chance」**を提

供する抽象的秩序であって、（特定の視点から見ての）欲求充足の最大化＝最大多数の最大幸福を保障するものではないのである。

コスモスとタクシス

先にマンデヴィル論文に即して見たように、ハイエクは、伝統的な「自然的秩序」と「人為的秩序」の二分法に疑問を持ち、［アリストファネス→カトー→モリナ→マンデヴィル］の系譜によって示唆された第三の領域、つまり「人間の行為の結果ではあるが設計の結果とはいえない秩序」としての「自生的秩序」に関心を向けた。

『法と立法と自由』では、このことを明確にするために、（自然法則に従って形成される自然界の秩序は別扱いにするという前提で）人間社会における秩序が、「タクシス taxis」と「コスモス cosmos」の二つに分類されている――この二分法は既に、一九六七年の講演**「政治思想における用語の混乱」**で示唆されている[40]。いずれもギリシア語を利用したハイエク用語である。「タクシス」の原義は、ギリシアにおける軍隊の編成単位、もしくは戦場での秩序であり、現代英語では、順序とか配列を意味する単語として使われている。ハイエクは、これを人工的秩序、指令的社会秩序、組織を指す言葉として用いる。「コスモス」の原義は、自然に成長してきた秩序であり、ハイエクはこれを「自生的秩序」の意味で用いている[41]。カタラクシーは、後者に属するわけである。

指令的社会秩序と、自生的秩序の二分法は、物理化学者・科学哲学者のマイケル・ポランニー[42]

（一八九一―一九七六）――経済人類学者カール・ポランニー（一八八六―一九六四）の弟――が、既に『自由の論理』（一九五一）に収められている論文「集中的指令の制御範囲」（一九四八）で提案している。(43)

ポランニーは、上から下への直線的な指令系統がピラミッド状に出来上がっている「コーポレーション的秩序 corporate order」と、管理者なしに、各自の相互自己調整によって出来上がる「自生的秩序 spontaneous order」とを比較し、前者は後者に比べて調整できる関係の数が著しく少ないことを図解と簡単な算術によって示したうえで、社会主義経済計算論争の意義を再検証している。集中的指令経済の調整力では、市場関係のネットワークを通じて広がっていく自己調整システムに取って替わることはできない、という。

ハイエクも、こうしたポランニーの議論の影響を受けたことが知られている。(44) ただ、ハイエクは二つの異なるタイプの秩序の効率性を比較することよりも、**二つの秩序概念が思想史的にどのような変遷を辿り、両者の間で混乱が生じたのかを辿ることに重点を置いており**、アプローチの仕方はかなり異なっている。また、秩序の中に置かれた諸個人の関係調整力に注目するポランニーに対して、ハイエクは、これまで見てきたように、［秩序―個人］の関係よりも、（必ずしも相互に接点のない）**不特定多数の人々の振る舞いを秩序形成へと向かわせる、一般的で抽象的な「ルール」を起点に考えている**。

ハイエクの見解では、**多くの人の行為の所産ではあるが、人間による設計の結果ではない、秩序立った構造の発見が、近代の社会理論の出発点になった。**コスモスを探求することが、社会理論の課題になったわけである。例えば、アダム・スミスは、市場において、人々が全然意図していなかった目的を促進していることを発見し、それによって経済学の開拓者となった。

既にカタラクシーに即して述べたように、社会における自生的秩序は、その秩序を構成する要素である各個人が一定のルールに従って行為することの帰結として形成される。ただし、どのようなルールでもいいわけではない。例えば、出会った相手を全て殺せというルールに従っていたら、協調のための秩序などできない。進化の過程での淘汰を経由した諸ルールが、秩序を生み出すのに適したものであったからこそ、コスモスが成立しているわけである。社会理論は、個々人のばらばらな行為が全体としての秩序を生むには、彼らが共通に従っている「ルール」はどのような特質を持っている必要があるか、ルールの性質を明らかにすることを試みる。社会理論とは、コスモスを構成する「ルール」を探求する知的営みだとさえ言える。

もう一つの秩序の類型である、タクシス＝組織（organization）にもルールはある。ただし、それは異なった性質のルールである。コスモスの「ルール」が、進化の過程で生まれてきたがゆえに、特定の目的に奉仕することのない、一般的で抽象的なルールであるのに対し、特定の目的を遂行するために組織され、上からの命令によって運営されるタクシスのルールは、命令を補完するものである。

組織の中にいる人は、割り当てられた業務の範囲内で上位者からの命令によって行為するが、多くの場合、一挙手一投足にわたる細かい指示を与えられているわけではない。細かいことは、各人の知識や技能に基づく裁量に委ねられる。その際に、個人の裁量による行為が、組織の目的からずれないよう規制するためのルールが与えられる。会社や役所の中の業務規則がその典型である。特定の命令系統ではなく、組織の人員一般の行為を規制するものであるので、その限りでの〝一般性〟はあるが、組織の目的を志向している点で、目的自由なコスモスのそれとはかなり異質である。

> 組織のルールは命令に従属的にならざるをえず、命令によって残されたギャップを埋めるのが仕事になる。そのようなルールは組織の構成員に割りあてられた役割の違いにしたがって異なるのであり、命令によって決定された目的に照らして解釈されるのでなければならない。特定の命令による機能の割り当てと追求すべき目的の設定がなければ、抽象的なままのルールは各個人になすべきことを伝えるのに十分ではないだろう。／対照的に、自生的秩序を支配するルールは目的から独立しているのでなければならず、必ずしも全構成員にたいしてでないにせよ、少なくとも名前によって個々に指定されるのではない構成員の階層全体にとって、同一でなくてはならない。（……）これらのルールは未知で決定不能な数の個人と事例に適用できるのでなければならない。それらはそれぞれの知識と目的に照らして適用されるのでなければならない。その適用はいっさいの共通の目的から独立しているであろう。個人はそれを知る必要すらないのである。[45]

ハイエクは決してタクシスの存在意義を否定しているのではないし、コスモスとタクシスが排他的な関係にあると考えているわけでもない。私たちの社会は、コスモスを構成する要素である諸個人だけでなく、家族、農場、工場、企業、会社、各種団体、政府などの組織からも成り立っている。ほとんどの人は、特定の目的を追求するために、複数の組織に入って活動している。そして、それらの組織の相互の利害関係も、個人相互の場合と同様に、進化の過程で生まれてきたルールによって調整され、包括的な自生的秩序へと統合されている。[46] **自由で複雑な社会は、二つの秩序の巧みな組み合わせによって成り立っているのである。**

混同されるコスモスとタクシス

問題なのは、本来はコスモスでしかないものをタクシスと誤認し、タクシス、すなわち組織の論理で、自生的秩序に手を加えようとする、設計主義的な誤解である。特に、組織としての「政府 government」と、自生的全体秩序（spontaneous overall order）としての「社会 society」の関係を考える際に、この誤解が生じやすい。詳しくは、次章で述べることになるが、「政府」というのは、本来、「社会」を成り立たしめている諸ルールを人々に強制的に守らせ、人々が自らの目的を追求するために利用しているメカニズムを秩序ある状態に保つことを目的とする、特殊な「組織」である。「社会」を守ることを任務としているが、「社会」それ自体ではない。

「政府」と「社会」という二つの言葉を対置する限りでは、両者の違いは比較的分かりやすいが、

「政府」の代わりに「国家 state」という言葉を使うと、混乱が生じやすくなる。[47]「国家」という言葉には、その時々の政府を越えたより上位の抽象的で恒久的な組織であるようなニュアンスもあるが、それと同時に、民族あるいは人民の生を束ねる歴史的共同体のようなニュアンスもある。後者のニュアンスは、一見自生的全体秩序としての「社会」に近そうだが、別の面から見れば、一般的で抽象的なルールによって成り立つ「大きな社会」というよりは、目的を共有する――部族的で運命的な――組織体を連想させる。

ハイエクに言わせると、ドイツでヘーゲル学派が、そうした曖昧で形而上学的な「国家」概念を、「政府」の代わりに用いるようになったことで、（「社会」を下位の単位として含む、あるいは、「社会」を統制・指導する）〝国家〟全体が、「組織体」であり、それゆえ特定の目的に向けて設計／再設計できるかのような誤解が生じやすくなった。

これと同じ意味合いで、ハイエクは、**「社会」を「有機体 organism」とのアナロジーで理解することにも批判的である**。[48] 確かに、有機体は、自然界における自生的秩序の一種であり、その意味では、社会という自生的秩序との対比はあながち的外れでない。有機体について使われる「成長」「適応」「機能」などの言葉を、社会にも転用したくなるのは当然である。

しかし、「有機体」は、かなり特殊な自生的秩序であるので、「社会」と対応させようとすると、いろいろ不都合が出てくる。有機体は成熟すると、それぞれの構成要素の役割が固定化し、恒常的なシステムを形成するようになる。我々の身体の各部位は、常に同じところにあり、同じ役割を果たし続ける。そうしたかなり固定化した自生的秩序を、構成要素自体がしばしば入れ替わり、要素間の関係も変動する余地の大きい、「社会」という開かれた自生的秩序と対応させることには無理がある。

そのため、前者との類比で後者を理解しようとする時、人間や動物の身体における全体と各部位の関係がそうであるように、各人が社会の中でそれぞれに決まった役割を与えられており、それを離れることは社会の崩壊に繋がるかのような錯覚がうまれやすくなる。それは、既存の位階秩序、身分制、命令–服従関係を正当化する保守主義的な論理を生み出す。古代ローマ以来、そうした意味での「有機体」の比喩が何度も使われた。

一九世紀の社会科学でも、社会の仕組みを説明する際に、「有機体」の比喩がしばしば用いられた。サン＝シモン主義者たちや、コントは、「全体としての社会組織 the organization of society as a whole」を再構築することを目指したが、その場合の「組織（体）organization」は、「有機体」的な意味合いを多分に含んでいる——日本語にすると繋がりが分かりにくいが、〈organism〉と〈organization〉は当然、語形的・意味的に繋がっている。

「有機体的国家観」や「有機的な社会観」は、かつての素晴らしい共同体を復活させようとする復古の論理にも、社会主義を支える設計主義の論理にも通じ得るわけである。いずれにしても、「大きな社会」全体を、タクシスとして一元的に管理しようとする危険を秘めている。だからこそ、ハイエクは、「タクシス」と「コスモス」の区別に拘るのである。

保守主義と自由主義

近代哲学の代名詞とも言うべきデカルト的合理主義を設計主義と呼んで徹底的に批判することを通して、理性の限界を強調し、その逆に、伝統や慣習によって支えられて自生的に形成された諸制度の役割を重視するハイエクの主張は、一見、〝保守主義的〟に見える。近代における保守主義の元祖とされるバークを評価しているところも、〝保守主義的〟な感じがする――アメリカのレーガン元大統領（一九一一―二〇〇四）のような保守的な政治家や知識人から人気があるということもあって、その印象が更に強まる。

しかし、保守主義的に見える反面、先に見たように、国家や社会を、共通目的を有する組織あるいは有機体的なものと見なすことを批判し、「大きな社会」を成り立たしめている自生的秩序には、全体で一丸となって追求すべき共通目的は備わっていないことを強調する。この点で、国家や国民、民族などの伝統的共同体を、大きな目的を共有する有機体と見なしたうえで神聖視する傾向のある、典型的な保守主義とは明らかに異質である。ハイエクの「自生的秩序＝コスモス」は、**伝統や慣習を介して形成されるが、それは決して一つの集合主体のようなものではなく、ましてや、伝統や慣習を守る歴史的使命のようなものを全体として担っているわけではない。**

もっぱら、自らの目的を追求する個人の自由の保障という側面から、「コスモス」を擁護するハイエクの議論は、政治的共同体（ポリス）にとっての共通善（目的原理）の探求を重視する共和主義や、八〇年代以降アメリカで台頭してきた、共同体ごとの目的原理を想定することで「自由主義―個人主義」に対抗しようとするコミュニタリアニズム（共同体主義）とも、前提がかなり異なっている。コスモスに参加している個人は、社会全体の共通の目的を探求し、それに積極的にコミットしなくても、「ルール」に従って振る舞っている限りにおいて、独自の目的を実現し、幸福になれる可能性があるのである。

更に言えば、ハイエクは目的論な思考と一線を画しているにとどまらず、進化論的な見方を徹底している。精神や理性のような形而上学的なものによるのではなく、集団的な振る舞いの規則性を軸にして進化が起こっている、という、ある意味マルクス主義以上に唯物論的な議論をしている。〝唯物論的な保守主義〟というのは、非常に考えにくい。

そうした保守主義との関係については、『自由の条件』に追論として収められている文章「**なぜわたしは保守主義者ではないのか**」で、ハイエク自身がはっきり態度を表明している。タイトルにあるように、ハイエクは自分が保守主義者ではなく、自由主義者であることを明言している。

社会主義者と対抗するという点で、自由主義と保守主義は同じ側に属すると思われ、そのせいで、しばしば混同される。特にアメリカではその混同が起こりやすい。前近代的な封建社会をほとんど経験せず、最初から「自由」があまりにも自明の前提であったアメリカには「自由主義」を名乗る勢力がほとんどなかった。そのため、大恐慌後のニュー・ディール政策の頃から、むしろ社会主義に近い再配分政策論者や急進派が、人民を物質的欠乏から〝自由〟にすることを目指すという意味で、「自由主義者（リベラル）liberals」を名乗るようになったのに伴って、「社会主義≒自由主義」というイメージが生まれた。その反射で、ハイエクのように、社会主義に激しく反対する者が、（自由主義者ではなく）保守主義者と呼ばれるようになった。

　ハイエクに言わせると、本来の意味での保守主義者というのは、時代の傾向に抵抗し、進歩にブレーキをかけようとする人たちであるが、自由主義者は、基本的に変化を受け入れ、一緒に進んで行こうとする人たちである。社会主義的な〝進歩〟に反対するのは、自由主義者から見て、それが自生的な進歩ではなくて、設計された進歩であり、自由に反しているからである。自由主義者は立ち止まるのではなく、別の方向に進化しようとする。

　保守主義者が、単に急激な変化を好まない〝だけ〟であれば、自由主義との間に大きな対立点はない。むしろ、保守主義は、言語、法律、道徳、慣習などの自生的に成長した制度を尊重するわけであるから、その意味で、自由主義者と共闘できる。ハイエクは自生的な制度を尊重するうえですぐれた見解を示した保守の思想家として、コールリッジ（一七七二―一八三四）、ボナール（一七五四―一八四〇）、ド・メーストル（一七五三―一八二一）、ユストゥス・メーザー（一七二〇―九四）、ドノソ・コルテス（一八〇九―五三）などを挙げている(49)――バークは、自由主義者に数えられている。

　コールリッジは英国ロマン主義の代表的詩人で、元々はフランス革命を支持する合理主義者だったが、一七九八年からのドイツ滞在の間に、反革命に転じ、政治的著作『教会と国家の構成について』（一八三〇）で、国家の真の長期的繁栄は、国民教会（National Church）による精神的・道徳的・文化的リーダーシップに拠るとの見解を示している。彼は、経済的自由主義には懐疑的で、国民財産の保護者であり受託者でもある国家は、人々の経済生活を導くべきであるとの見解を示している。[50]ボナールとド・メーストル[51]はカトリックの立場からフランス革命に反対したフランスの思想家で、神に由来する権威と伝統こそが政治的正統性の基礎だとする、神政政治的な考え方を呈示した。メーザーはドイツの法律家・歴史家で、啓蒙主義・ルソー的普遍主義に強く反発し、土地を基盤とする共同体を重視する経済史・郷土史的な視点から農業政策上の様々な提言を行い、ドイツの（経済学上の）「歴史学派」の形成に大きな影響を与えたとされている。[52]コルテスは、フランス革命の帰結を否定的に評価し、カトリック教会による政治的・社会的な救いを説いた一九世紀のスペインの思想家である。ボナール、ド・メーストル、コルテスの三者は、ワイマール期からナチス期にかけてのドイツで活躍した、決断主義の法哲学者として悪名高いカール・シュミット（一八八八―一九八五）に強い影響を与えたことが知られている。[53]

彼らは、フランス革命とその背後にあるデカルト的合理主義の危険を認識していた点で、ハイエクが評価する、英国―アメリカ系の自由主義者たちと、共通の基盤があるわけである。ただし、保守主義者は、設計によるのであれ自生的なものであれ、変化に対して臆病なので、時として政府権力を使おうとすることがある。そうなると、自由主義者と対立することになる。

将来を見るにあたって、保守主義者には自生的な調整力にたいする信頼が欠けている。自由主義者にはこの信頼があって、適応がどのように成し遂げられるのかを知らなくとも、不安なしに変化を受け入れるのである。とくに経済の分野において市場の自己調整力が特定の事例において、どのように働くかを誰も予言できないとしても、それが新しい状態にたいして必要な調整をどうにかもたらすであろう、と想定するのは自由主義的態度の一面をなすものである。人びとがしばしば市場を機能させることを好まない要因としては、需要と供給、輸出と輸入などのあいだに意図的な統制なしに、ある必要な均衡がどのようにもたらされているのだろうかを考えることができないということが、おそらくもっとも強いものであろう。保守主義者が安心して満足を感じるのは、ある高い英知が見張りをして変化を監督するという保証がある場合のみであり、またある権威機関が変化を「秩序正しく」維持する責任を負うことを知っている場合のみである。[54]

ここでハイエクが指摘しているように、**保守主義者は、自生的に成長した諸制度――**『法と立法と自由』の用語で言えば、カタラクシー――**を尊重するが、それらが自己調整能力を持っていることを十分に理解していない。何らかの精神的な権威による統制を加えることで、伝承されてきた諸制度を保持しようとする傾向がある。**そこは、市場の――ルールを媒介とする――自己調整機能によって、諸個人の自由な目的追求が、更なる進歩に繋がると考える、自由主義者と大きく異なる。保守主義者は、通常、産業分野における集産主義や指令主義的方法に反対するが、国家と個人の

（経済）活動の関係についての一般的原則に基づく反対ではないので、集産主義的方向に傾くこともある。その国が相対的に弱いとされている産業分野、特に農業に関して保護主義的になり、企業の自由な国際競争を妨げる傾向がある。[55]

「我々の」産業や資源に拘る保守主義の発想は、それらはもっぱら国益のために使われるべきだとするナショナリズムに繋がる。ナショナリズムは、しばしば経済だけでなく思想の交流までも阻害し、「我々の」資産を、集産主義的に管理しようとする。[56]そこまで行くと、保守主義者は社会主義者と共闘して、国境に囚われない自由な交流を志向する自由主義者と敵対することになる。そうした意味で、自由主義者ハイエクにとって、「保守主義者」は、最後まで信用しきることのできない暫定的同盟者にすぎないのである。

ハイエクの描く、「変化を嫌う保守主義者」というイメージは——集産主義者や設計的合理主義者のイメージもそうであるように——一面だけを強調しすぎているきらいはある。保守主義者の中にも、「伝統」が変化に対して柔軟に対応できるものであることを強調しながら、「進歩志向の progressive」合理主義に対抗しようとする——ＬＳＥにおけるラスキの後任者でもある——オークショット（一九〇一-九〇）のような論者もいるので、[57]そういう洗練された保守主義には、ハイエクの批判は当てはまらないとの指摘もある。[58]

確かにその通りであるが、ハイエクは恐らくそのことを承知のうえで、敢えて自由主義／保守主義の間に分かりやすい線を引いたのではないか、と私（=仲正）は考える。彼にとって大事なのは、伝統や慣習それ自体ではなく、それらの中から成長してきた「自生的秩序」と、それが保障する——他者から強制されることなく——目的追求することができる自由なのである。

第 *4* 章

法は社会的正義にかなうべきか？

ノモスとテシス

先に述べたように、ハイエクは、社会的秩序を、コスモス＝自生的秩序／タクシス＝組織の二つに区分すべきことを主張する。ハイエクは更に、この二つの秩序に対応する二つの「法」概念を区別すべきことも提案している。

この場合の「法」というのは、紛争解決や共通の期待形成のために明文化（articulate）された「振る舞いのルール」としての「法」である。[1] 明文化されているものの、あるいは明文化されているからこそ、個別のケースへの適用に際して一定の解釈の幅があるし、意図的に変更・改善されることもあり得る。我々が通常、法（律）と呼んでいるもののことだと考えてよいだろう。ハイエクは、近代人が「法 law」という同じ言葉で表現しているものには、実は二つの異なった意味が含まれており、一方がコスモスと、もう一方がタクシスと親和性があると指摘し、そこから「振る舞いのルールの進化」論と接続する形で、独自の「法」論を展開していく。

コスモスに対応するのが、**「ノモス nomos」**もしくは**「自由の法 the law of liberty」**である。[2]「ノモス」というのは、元々「法」を意味するギリシア語であり、ハイエクはこの言葉を――「コスモス」や「タクシス」の場合と同様に――独自の意味で用いている。この「ノモス」は、従来、（議会などによる「制定法 statutory law」と区別する意味で）裁判官が作った法（judge-made law）と呼ばれてきたものであり、「法律家の法 the lawyer's law」として性格付けることができる、という。

「裁判官が作った」というと、設計主義的なニュアンスを帯びた話のようにも聞こえるが、当然、裁判官は自分の理性によって、ゼロからルールを作るわけではない。裁判官は紛争解決に当たって、既に人々が自覚的・無自覚的に遵守しており、コスモスの形成に寄与している「抽象的なルール」を発見する。そして、それを表現するのに適した抽象的言語を見出すべく努力する。裁判官が「法を作る」というのは、実際には、そうした言語を作り出すということであって、ルールそのものをゼロから創出することではない。

日本語で「裁判官」というと、どうしても組織の中で働き、上から与えられる基本方針に従って――制定法の枠内で――各事案を処理する司法官僚的な存在をイメージしがちだが、それは、ハイエクの「裁判官」のイメージとはかなり異なる。彼が、「法を作る裁判官」のモデルとして想定しているのは、**政府の組織から相対的に自由な立場に立ち、人々の慣習の中から「法」を発見し、判例法を形成してきた英国のコモン・ローの裁判官である**[3]。

先例に基づいて判断を形成するコモン・ローの法理は一般性・抽象性が低いと思われがちである。しかし、英国の王座主席判事で英国法と裁判所制度の改革者として知られるマンスフィールド[4]（一七〇五―九〇）によれば、コモン・ローは「特定の事例ではなく、一般的諸原理から構成されるのであり、その一般的諸原理はこれらの事例によって例証され、説明される[5]」、という。ハイエクに言わせれば、このマンスフィールドの言葉がコンパクトに表現しているように、自分たちを導いてくれる先例から新しい事例に適用可能な普遍的意義を有するルールを引き出すことが、コモン・ローの裁判官たちの重要なテクニックになっていた。

ハイエクは、法を明文化する役割を担っている裁判官を、「自生的秩序の一制度[6]」として位置付けている。裁判官は、コスモスの外部の超越的な位置から、合理的なルールを押し付けるのではなく、自らが、コスモスの中でのルール形成の過程の一部に組み込まれているのである。裁判官が、「法」を明文化し、かつそれを解釈したり、改良したりすることは、コスモスに反することではなく、むしろコスモスを更に発展させる行為と見なすことができる。

これに対して、タクシスに対応するのが**「テシス Thesis」**、もしくは**「立法の法 the law of legislation」**である[7]。「テシス」も元々ギリシア語で、「措定する（定める）こと」もしくは「措定された（定められた）もの」という意味である——英語になった〈thesis〉は、（論文などの）要旨、命題、テーゼといった意味で使われている。自生的に成長してきたものではなく、特定の誰かが何らかの目的を実現すべく、「措定する posit」（あるいは「定める set」）のが、「テシス」である。ハイエクは「テシス」を、政治的権威を担う機関である「立法府」によって制定（措定）される〝法〟を指す言葉として使っている。

「ノモス」と「テシス」を区別したうえで、前者を——「ルールの進化」という視点から——より重視しようとするハイエクの議論は、制定法に対して判例法を優位に置く、英米法系の判例法主義の考え方を、哲学的な言葉で言い換えた〝だけ〟のように見えるかもしれないが、そうではない。通常の判例法主義、あるいはその逆の制定法主義では、判例法と制定法は必ずしも対立する関係にあるわけではなく、双方の足りない部分を補い合う関係にあると想定されている。裁判官の法と、議会の制定する法のいずれが、紛争解決のツールとしてより適切であるか、という対立にすぎない。ハイエクは、ノモスとテシスは元々異質のものだと明言する。

テシスは元来、ノモスとは異なる次元で働く〝法〟だったが、いつの頃からか「立法（府）」が、ノモスの領域に属するはずの問題を扱うための〝ルール〟までも創出するようになったため、「制定法」と「判例法」が交差するようになったのである。別の言い方をすれば、「法」という同じ一つの範疇の中で立法と司法が分化し、役割分担するようになったのではなく、**コスモスを制御するノモスの論理に、タクシスを制御するテシスの論理が混入してきた**のである。

現代では、［立法府＝議会］と見なされることが多いが、近代議会制のモデルになった英国における議会の発展の歴史を見れば分かるように、議会は、政府という「組織＝タクシス」の制御と規制をするための機関であった。政府という組織が正しく振る舞うためのルールを作ることが、議会の本来の仕事である。[8]「立法府 legislature」という名称は元々、一七世紀以降、（行）政府を「テシス」によってコントロールする権限を有する代議制の機関としての議会に対する敬称にすぎなかった。[9]議会制が成立する以前の時代の支配者たちも、国防その他の役務のための組織を形成し、その中で官僚や臣下たちが正しく振る舞うためのルールを——その社会の構成員全てを拘束する一般的な振る舞いのルールとしての「ノモス」とは別個に——制定していた。[10]

先にタクシスのルールに即して見たように、政府を適切に動かすために議会が設定するルールは、自生的秩序の基礎を成す「普遍的な正しい振る舞いのルール」＝「ノモス」とは性質を異にする。

ノモスという意味での「法」と立法府が生み出すテシスという意味でのその他の「法」の相違は、二つのケースにおける「法」という言葉の使われ方の違いを考えれば、もっとも鮮明に現われる。振る舞いのルールは人が指示を遂行するようには、「遂行 carry out」、「執行 execute」されえない。人はそれにしたがうことができるし、あるいはしたがうよう強制することもできる。しかし、振る舞いのルールは単に許容された行為の範囲を制限するだけで、特定の行為を決定しないのが普通である。そしてそれが規定することは決して達成されず、すべての人にとっての永遠の責務でありつづける。われわれが「法を遂行する」というときの「法」という言葉はいつも、ノモスではなく、人に特定のことを行うように指示するテシスを指す。したがって、「執行される」べき法を作る「法の作り手 law-giver」とそれを執行するはずの人たちの間の関係は、正しい振る舞いのルールを規定する「法の作り手」とそれを守らなければならない人たちの間の関係とは、全く異なっている。第一の種類のルールは、われわれが政府と呼ぶ組織の構成員のみを拘束するのにたいして、第二のものは社会の構成員に許容される行為の範囲を限定している。法を適用し、その強制を指示する裁判官は、行政官が手段を実行したり、「執行人」が裁判官の判決を実行しなければならないのと同じ意味で、それを「執行」しているわけではない。[11]

この箇所で強調されているように、ノモスとテシスは、社会全体で通用している一般的なルールか、組織のための特殊ルールかという点で違うだけでなく、**適用対象となる人々に対する作用の仕方もかなり異質である。**

様々の異なった目的を追求する人々の間の関係を調整するコスモスのルールであるノモスは、特定の個人に特定の行為をするよう指定することはない。他者の目的と衝突することがないよう、各人の行為の範囲を制限するだけである。「コスモスの一制度」である裁判官は、紛争への介入を要請され、判決という形で、確立されたルールを適用したり、従来のルールだけでは不十分な場合は新たなルールを形成したりするが、それはあくまでも自生的で抽象的な行為秩序を維持し、更なる進化に寄与する行為であって[12]、人々を社会全体の共通目的あるいは共通利益へと誘導することを企図していない。

判決の「執行」に際しては、特定の行為への「強制」という契機が働くが、それはあくまでも、法廷へと持ち込まれた特定のケースの当事者（の一方）に対する強制であって、裁判官が適用・発見するルールそれ自体が、社会の構成員全てに対して、同じ行為を取るよう強制するわけではない。裁判官が「法」として適用するルールは、一般的・抽象的な性格なものでしかない。

それに対して、立法府が作る「テシス」は、タクシス＝組織としての「政府」の運営に関わる「法」であるので、政府組織、特に行政（＝執行部）の構成員に対し、（立法府から）与えられた目的を実現するよう具体的に指令する。組織として統一的な行動を取ることができるよう、同じ状況においては同じ行動を取るよう予め指定しておくわけである。テシスは、異なった目的を相互調整し、自由を拡大するための「法」ではないのである。

公法と私法

ハイエクは、「テシス」を制定するための機関であったはずの「立法府」が、「ノモス」の領域にまで拡張してくることを全面的に否定しているわけではない。

判例法の発展は一方通行的になりがちなので、その方向が望ましいものではなかったこと、例えば、不公正が容認されていたというようなことが後になって判明したとしても、判例法自体の論理によって引き返すのは困難であることもある。その誤りが、かなり原理的な問題にまで及ぶ時、修正の範囲がかなり広くなるので、ますます難しい。また、全く新しい事情が生じてそれに法が速やかに適応しなければならないようなことがあった場合、急に先例と違った判決が出てくると、以前の判決に基づいて形成されている人々の合理的期待を裏切ることになる。それでは、「ノモス」としての本来の役割を果たしているとは言えない。新しいルールを導入するには、その時期と内容を予め告知して、新たな期待形成を促すべきだろう。そうした場合は、「立法」という形で、新しい「法」を施行することが不可欠になる。[13]

問題なのは、そうした「ノモス」を修正する機能と、政府組織を制御する「テシス」を制定する機能が、「立法府」という名前の一つの機関で営まれ、いずれも「立法」と呼ばれるがゆえに、立法府＝議会が、ノモスとテシスの双方、つまり全ての〝法〟を自在に制定することのできる権能を持っているかのような勘違いが生れることにある。そうなると、「法の支配」の意味するところも、「議会が決定するものはその中身が何であれ、『法』であり、臣民はその法に従わねばならない」というおかしな考え方に変質する恐れがある。本書の第二章で見たように、英国議会とアメリカ植民地の対立の根源には、前者の側の議会主権論の行きすぎとそれに伴う〝法の支配〟の変質があった、という見解をハイエクは『自由の条件』において示している。更に言えば、この勘違いは、設計主義的な発想を呼び込みやすい。

だからこそハイエクは、立法府によるノモスの修正を、立法府の仕事と認めながらも、それと、議会の本来の仕事であるテシスの制定との概念的な区別を強調する。そうすることで、〝テシス〟によって社会全体を合理的に管理しようとする、立法の設計主義的膨張を阻止しようとするわけである。『法と立法と自由』の第三巻では、両者の違いをはっきりさせるために、現在議会と呼ばれている制度を、ノモスの修正のための「立法院 Legislative Assembly」と、（行）政府の仕事をテシスによって管理する「行政院 Governmental Assembly」に分けて、それぞれ別の原理によって運営することを提案している[14]。

異なる目的を追求する諸個人の間の関係を調整する「ノモス」と、政府の目的の実現に向けてその構成員に具体的に指示する「テシス」という対比は、大筋において、通常の近代法学における、「私法 private law」と「公法 public law」の違いに対応していると見ることができる。一般的な意味としては、「私法」は、私人（個人）間の関係を規律する法の総称であり、民法や商法などがその典型である。「公法」は、国家と個人の間の関係を規律するであり、憲法、行政法、税・財政法などが含まれる。

（日本もその内に含まれる）大陸法系の分類では、（政府との関係に限らず）人々の行為の範囲を一般的に制約する刑法が「公法」に分類されるので、［公法≒組織の法］という理解にはやや難があるが、英米法系では、コモン・ローの体系の中で発達した刑法を私法の一部と見なすこともあるので、その前提に従って刑法を差し引いて考えれば、「公法」の大部分は、組織の法としての性格を持っていると言っても大きな問題はないだろう。ハイエク自身、「私法」のノモス的性格、「公法」のテシス的性格に注目することで、二つの〝法〟の違いが分かりやすくなることを示唆している[15]。

ただし、ハイエクは「公法／私法」という表現が、誤解を招きやすいことも指摘している。「公的／私的」という二分法が、「公的福祉／私的福祉」を連想させるため、私法は特定の個人の福祉にのみ奉仕し、公法だけが一般的福祉に奉仕する、と思われがちである。ハイエクに言わせれば、むしろ逆である。

> 意図して共通の目的をめざす行為のみが共通のニーズに奉仕すると信じるのは間違っている。むしろ、社会の自生的秩序がわれわれに提供するものは万人にとって、したがって一般的福祉にとって、政治組織が提供しうる——正しい振る舞いのルールの強制によってもたらされる保

障だけは例外だが——たいていの特定のサービスよりも重要であるというのが、事実である。政府がこの最後の仕事しかしない社会は、非常に平和で繁栄している社会だと想像できる。長い間、とくに中世において、公共の福祉（utilitas publica）という言葉は実際にも、正しい振る舞いのルールの強制が保障する平和と正義以上のことを意味しなかった。政府の組織の法としての公法が、それが適用される人びとに意図的に公共の利益に奉仕することを要求するのに対し、私法は個々人にそれぞれの目的の追求を許し、結果的に一般的利益に奉仕するよう個人の行為を制約する、というのが端的な真実だ。(16)

テシス＝公法は、政府組織に属する人々が、社会にとっての「共通の目的」として想定されていることに直接コミットするよう具体的な指示を与えるが、ハイエクに言わせれば、それが「公共の福祉」の全てではない。ノモスである私法は、個々人が共通の目的のために働くよう直接的に指示することはないが、各人の目的が調整されて、結果的に一般的利益を増大させるように導く。後者の方が、一般的利益に対する貢献度は高いと考えられる。

元々政府組織内部の規則にすぎず、公共的利益の唯一の保護者でもない「公法」が、本来の「法」の在り方と見なされるようになったことによって、法秩序をタクシス的に、つまりヒエラルキー的な指令構造を備えているものと見なす「法実証主義」の考え方が生まれてきた。そこから更に、〝（公）法〟の基本構造に従って、社会全体を意図的・計画的に作り変え、公共的利益を増大させようとする社会主義的、全体主義的なイデオロギーが生まれてくる。ノモスであり、階層構造を持たない私法こそが、公共的利益を維持・拡大するうえで主要な役割を果たしていることが理解されていれば、そうした誤解は拡大しなかったはずである、とハイエクは考える。

一般的には、最上位の法、あるいは全ての法の源泉と見なされることが多い「憲法」もまた、政府の権力の割り当てとその制限に関わる公法≒テシスである以上、組織のルールであって、正しい振る舞い方についての一般的ルールではない。むしろノモスという意味での「法」の維持を保障するための「上部構造 superstructure」と見るべきだ、という。[17] この場合の上部構造とは、当然、憲法が他の方を支配する優越的な地位にある、ということではない。憲法以前から既に存在している法システムに属する諸法を強制＝施行（enforcement）するため、そのシステムの〝上〟に付属物的に構築されているということである――マルクス主義で「上部構造／下部構造」という場合の「上部構造」の意味合いに近い。別の言い方をすると、既存のノモス≒私法の体系を守る機関として組織化された政府の役割を規定するテシスである。

ノモスを守るためのテシスとしての憲法をめぐって長い年月にわたる闘争があり、かついったん憲法が制定されると、私法的な諸ルールや、他の公法上のルールがそこから自らを正当化する「権威」を引き出すようになるということがあるので、憲法がノモスをも根拠付けているかのように考えられがちである。しかし、ハイエクに言わせれば、それは錯覚である。憲法は、（私）法と正義が何であるか定義するわけではなく、もっぱら既存の（私）法と秩序を守る働きをするだけである。

言い換えれば、**憲法は、個々の「正しい振る舞いのルール」が、法として有効であるための形式的特性のみを規定しているのであって、その実質的な内容を定めているわけではない。**革命などによって、憲法を中心とする公法が解体することがあったとしても、民法と刑法を中心とする正しい振る舞いのルールの体系は保持されるであろう、という。

公法に属するテシスの多くは、政府の諸機関の活動を規制するルールであり、そのため「行政法 administrative law」と呼ばれているが、「行政法」という用語には、それとは異なる他の二つの意味も含まれている。一つは、政府機関に属する官僚だけでなく、政府と取引関係にある、私人としての市民を拘束する規制という意味である。[18] それは、政府が市民に提供する各種のサービスや施設の利用を決める際に必要になってくる。もう一つの意味での「行政法」は、「人と財産に対する行政権力」を叙述するのに用いられる。[19] こうした行政的権力は、普遍的な正しい振る舞いのルールで構成されるのではなく、特定の予測可能な結果を目指して行使されるものであり、不可避的に、差別や自由裁量の余地を含んでいる。

ハイエクは、行政による規制や権力行使という意味での「行政法」を全面的に否定しているわけではなく、それが必要になる場合も多々あることを認めている。例えば、公共の施設としての道路の利用を規制するため、右側通行あるいは左側通行などのルールが必要になる。これが第二の意味での「行政法」である。それは全ての人にとって、同じという意味で「一般的」なルールでなければならないが、それによって「正しい振る舞い」を定義するわけではないので、ノモスではない。

そして、このルールを人々に確実に守らせ、円滑な交通の流れを保障するために、特定の方向へと誘導する権限（authority）が警察に与えられる。それが、第三の意味、行政権力の作用としての「行政法」である。

公共の施設を、その目的に対応した稼働状態に保つために、行政権力が裁量を持つこと自体は、必要なことである。問題は、行政法によって管理される領域が無制約に拡大していき、元々私法に属していた領域までも接収し、市場の秩序に影響を与えるようになることである。具体的には、政府が、個人や私企業でも商業ベースで十分に提供できるサービスを、公共性のあるサービスと見なして独占的に提供するようになったり、「社会的」立法（‘social’ legislation）という名目で、特定の労働者の高賃金、小規模農民の高所得、都市貧民の住宅改善など、特定のグループの利益を保障する政策を行うことである。[20]

特に、「社会的」立法は、「社会的正義 social justice＝国民の基本的利益」の名の下に、「市民と財産に対する行政権力」を無制限に拡大し、最終的に、社会主義にまで至る恐れがある。実際、西欧諸国は、一九世紀後半以降、そうした「社会的」立法を数多く行い、社会主義に近づいていった。「社会的」立法の理念として掲げられた「社会的正義」なる概念は、「自由な社会」を守ってきた、ノモスとテシス、私法／公法の区別を曖昧にし、前者を後者に従属化させる危険を秘めている。

自由主義的な正義とは？

ハイエクは、「社会的」立法と結び付いている「社会的正義」という概念を否定するが、「正義 justice」という概念そのものを否定しているわけではない。ただし、市場秩序や交換関係への政府の介入を含意する「社会的正義」という言葉が意味を持ち得ないように、「正義」という言葉をかなり狭く定義している。

ハイエクは先ず、**「正しい just／正しくない unjust」という形容詞が、有意味に用いられるのは、人間の「行為」だけであって、自然の状態については「正しい／正しくない」は意味を成さない**と明言する。[21] つまり、人間の生物的属性に起因する能力の違いのようなことそれ自体については、正義／不正義は問題にならないわけである。

加えて、**ある「行為 action」が「正しい」か「正しくない」かは、その行為がもたらした帰結ではなく、その行為が「正しい振る舞いのルール」に適合しているのか否かのみによって決定される。**[22] これまで繰り返し述べてきたように、自生的秩序＝コスモスにおいては、各個人や集団が異なった目的を追求しており、それらの個人や集団の交換からどのような状態が帰結してくるか完全に予測しきれないので、特定の帰結が「正しい」とか「正しくない」とか評価することは意味を成さない。特定の目的を追求するタクシス＝組織である政府も、「大きな社会」のコスモスの中で活動している以上、その行為が「正しい振る舞いのルール」に適っているかどうかで、「正義 justice／不正義

injustice」を判定されるべきである、という。

このようにハイエクは、進化によって形成されてきた「正しい振る舞いのルール」を軸に据えることによって、帰結から個々の行為の正しさを判定する「帰結主義」の論理を退ける。それは、アプリオリな道徳法則を想定してそれに依拠するカント的な義務論とは異なる形での非帰結主義的な正義論だと、言える。ハイエクが、帰結主義の論理から距離を取るのは、目的独立的なルールの体系との適合性ではなく、「帰結」を直接的に問題にし始めれば、功利主義や社会主義と同様に、設計図に従って人々の行為の〝ルール〟を組織的に規定しようとする発想に繋がる恐れがあるからである[23]。「正しい振る舞いのルール」の体系によって支えられる「大きな社会」にとっての「一般的福祉 general welfare」とは、各人の目的追求の機会を改善するための諸条件の創出であって、個々人の満足の合計を社会全体の利益として増大させることではないのである[24]。

ただし、ある行為が「正しい振る舞いのルール」に適合しているか否かは、常に一義的に判定できるわけではない。「正しい振る舞いのルール」自体は、抽象的・一般的な性質のものなので、ある人がある状況の中で取る具体的な行動が、それに合っているかどうかの見方は人によって異なる。また、ある社会の中で現に守られているルールの全てが、進化の過程で一般性と抽象性を獲得した「正しい振る舞いのルール」であるとは限らない。だからこそ、裁判官法としてのノモスが発展してきたわけであるが、ノモス自体が、社会の進化の方向とズレて、不適切になっていることもある。また、進化の過程で、明確な振る舞いのルールがまだ形成されていない、人々の活動の領域も増えてくる。

そこで、「正しい振る舞い」を「正しい振る舞い」たらしめている「正しさ＝正義」とは何かという問いが生じてくるわけである。無論、そうした「正義」に対する人々の志向は全くてんでんばらばらではない。コスモスの中で、「正しい振る舞いのルール」に従いながら生活している内に、人々の内に、何が「正しく」、何が「不正」であるかという感覚が形成され、ある程度まで共有されている。

ハイエクは明示的なルールがないところでも、**人々を「正しい振る舞いのルール」へと誘導する「正義感覚」があると**想定し、それに基づいて自らの「正義」論を展開している。一九六二年の論文**「ルール、知覚、理解可能性」**では、人間には、未だに言葉で表現されていないルールに従う能力である「言語感覚 Sprachgefuhl」と同様に、言語的に明文化することのできないルールに従う「正義感覚 Rechtsgefuhl」が備わっている[25]、という見方が示されている。この場合の「言語感覚」や「正義感覚」は、文字通りの意味でアプリオリに存在する「正義」や言語法則を発見し、正確に再構成する能力ではなく、**進化の過程で、人々の現実的な集団的な振る舞いや言語活動と相関しながら徐々に発達する感覚**である。両者が発見するルールは、絶対的で不変なものではない。

言語感覚が備わっていることで、様々の未知の文脈における言葉の正しい使い方と、間違った使い方を判別しているように、「正義感覚」によって我々は、様々の未知の状況において成される行為の正／不正を判別しているわけである。「正義感覚」に基づく正／不正の判別の基準が、社会的慣習を通して次第に抽象化・一般化され、それに伴って言語的に明示され、体系化されたものが、ハイエクにとっての「正義」だと言うことができる。個々の言葉の使い方のルールについての正／誤の判別が慣習的に体系化されたものとして、その言語の文法や音韻論、語用論が成立しているのとパラレルな関係にあると考えれば、イメージしやすくなるだろう。

消極的な正義としての「正しい振る舞いのルール」

このように、ハイエクの「正義」論において中心的な意味を持つ、「正しい振る舞いのルール」は、積極的にある行為へと義務付けるというよりは、**「正しくない行為」を禁ずる、というだけの消極的**（negative）**な性質のもの**であることが多い。どうして消極的なのかと言えば、同じ目的を共有するコミュニティ＝小さな社会で通用していたルールの体系が、そのコミュニティの範囲を超えて拡がっていく際に、もはや目的は共有されなくなるので、人々に特定の行為を命ずるような積極的性格は次第に失われていく。他者に危害を与えないようにする、という前提の下で許容される行為の範囲を規定するだけの消極的なものに変わっていくわけである[26]。

無論、他者に危害を与えないようにするルールだといっても、それは他者に危害を与える可能性があることを全面的に禁止するわけではない。各人には、相手からある商品を買う／買わない自由、あるいは、相手にサービスを提供する／提供しない自由がある。その自由を行使することによって、相手に大きな損害を与える可能性は常にある。正しい振る舞いのルールは、各人の利益を全面的に保障してくれるわけではない。保障されるのは、（多くの人が従っている）そのルールに自らも従うことによって、他者との取引から一定の利益を得られる可能性がある、という「正統 legitimate」な期待である。

正しい振る舞いのルールの適用結果は、つねにこれらのルールによっては決定されない事実的事情に依存しているから、ルールの適用にかんする正義を特定の場合にそれが生み出す結果から判定することはできない。この点については、競争の正義にかんするジョン・ロックの見解について正しく語られてきたことが、つまり勘案すべきは競争がなされるやり方であってその結果ではないということが、一般に自由主義的正義概念にあてはまるし、また自生的秩序において正義が達成しうるものにもあてはまる。単一の正しい取引を通じて、ある者が多くを獲得し、等しく正しい取引を通じて別の者がすべてを失うことは起こりうるが、このことは取引の正義を反証していることには決してならない。正義は誰かが意図的にもたらしたのではない自生的秩序の意図せざる帰結とは無関係である[27]。

この箇所からはっきり読み取れるように、「正しい振る舞いのルール」が志向する「正義」とは、様々な立場や階層の人々の間の利害関係のバランスを取ることではなく、**進化の過程で次第に一般的・抽象的な性格を獲得した目的独立的なルールの下での競争の条件を整えること**である。そうした消極的な「正義」の観念が共有され、それに基づいて「正しい振る舞いのルール」が個々のケースに「正しく」適用され、必要に応じて修正・補充されることによって、異なる目的の人々が正面から対立することなく、協力する枠組みとしてのコスモスが維持されるのである。

「進化」の過程において、特定の目的だけに有利であるような性質のルールを排除する「消極的テスト」を通過したルールだけが生き残ることになる。従って、「大きな社会」で通用している「正しい振る舞いのルール」は、単に消極的であるだけでなく、**あらゆる時間と場所において適用し得るものになっている、という意味で普遍化可能性**（universalizability）**を備えている**、という。[28] 先に論文「デイヴィド・ヒュームの法哲学と政治哲学」での議論に即して見たように、ハイエクは、ヒュームが三つの基本的自然法と呼ぶ「所有の安定」「同意による財産の移転」「約束の履行」を重視しており、これらは、地球上のどこで「大きな社会」が成立したとしても、その「正しい振る舞いのルール」にほぼ必然的に含まれているのではないか、と推測している。[29]

ルソーやカントの影響を受けた社会契約論的な正義論では、（理性的な諸個人から成る）人民の合意を通して〝普遍化可能性〟が生じて来るという発想になりがちだが、ハイエクは、そうではなく、進化の途上で消極的テストによる取捨選択を経ることによって、普遍化可能性が備わってくると考えるわけである。功利主義などの設計主義が想定する、〝合理的計算〟を意図的に行わなくても、**「大きな社会」へと向かう進化のプロセスが、普遍化可能な「正義」観を人々に共有させる**のである。

逆に言えば、進化の過程で、消極的であるがゆえに普遍化可能な性質を獲得した「正しい振る舞いのルール」に不満を持ち、具体的な目的を実現することを目指す積極的な正義の基準を求める人がいるとすれば、そうした態度は、「大きな社会」以前の、部族社会的な正義感情の名残である。

「法実証主義」という積極的な正義

ハイエクは、「正しい振る舞いのルール」の体系と不可分に結び付いた、（ハイエクが理解する意味での）古典的自由主義の「正義」観に敵対し、それを破壊する危険な法思想として、**「法実証主義** legal positivism**」**、特にハンス・ケルゼン（一八八一―一九七三）の**「純粋法学** reine Rechtslehre = pure theory of law**」**を挙げている。(30)

法実証主義というのは、基本的には、検証可能な社会的事実として存在する「法」〝のみ〟を分析の対象とし、道徳などの形而上学的価値に関連する問題との関連を――少なくともいったんは――切り離して考えようとする法理論上の立場である。簡単に言えば、「実定法 positive law」以外のものを、法（学）に持ち込むことを拒絶する立場である。

法実証主義が純粋に法理論上の立場に留まるのであれば、古典的自由主義の「正義」観と対立する必然性はないように思われる。法実証主義が、既に法規範として実定化されているものだけを分析の対象とし、その具体的内容が法〝以前〟のいかなる価値――道徳、宗教、正義感情等――に由来するか（否か）を一切問題にしないのであれば、自由主義的な「正義」観と十分に両立可能だと見ることもできそうだが、「ノモス＝自由の法」と進化の過程から生まれてきた「正しい振る舞いのルール」の連続性を前提にするハイエク流の「自由主義的正義」理解とは相容れない。ハイエクの見地からすれば、少なくとも「ノモス」という意味での「法」は、コスモス＝自生的秩序の中で形成され、共同体の中で通用している「正しい振る舞いのルール」と密接に繋がっており、両者を完全に切り離して考えることはできない。

ハイエクは、英国の法哲学者で二〇世紀後半の法実証主義の代表的論客として知られるH・L・A・ハート[31]（一九〇七-九二）の議論に注目し、彼によって定式化された、「法は一定の道徳の要求を再生産あるいは充足する、ということは、いかなる意味でも必然的な真理ではない[32]」というテーゼは基本的に受け入れている[33]。ただしハイエクは、そのハートが、法が何であるか発見するに際して裁判官が既存の道徳的ルールを参照しなければならない場合もある、と認めている点に注意を喚起する。例えば、その法的ルールを定義するのに「誠意（善意）good faith」のような道徳的観念に明示的に言及せざるを得ない場合や、当該の法的ルールを有効に機能させるのに、一定の「正しい振る舞いのルール」が遵守されていることを前提にしなければならないような場合である[34]。

法的ルール（ノモス）が道徳的ルールから直接的に導き出される必然性はないとしても、ハイエクの進化論的合理主義の立場からすれば、両者はいずれも「大きな社会」へと向かう進化の過程から生まれてきた一般的で抽象的なルールであり、お互いに支え合いながら、「自生的秩序＝コスモス」の維持に寄与している。（コスモスという包括的な視点から見た場合）無関係ではないのである。

そうしたハイエクの立場からすれば、法と道徳の必然的な繋がりを否定するだけの——ハートのそれのような——ソフトな法実証主義であれば、受け入れることができる。むしろ、「慣習 custom」が「法的承認 legal recognition」を得ることによって「法」になり得るとするハートの法理論[35]は、「正しい振る舞いのルール」と、それを個々のケースに適用するための裁判官法として発達した「ノモス」の関係を軸に展開するハイエクのそれはかなり接近しているとさえ言える[36]。しかし、単に法と道徳の必然的繋がりを否定するだけに留まらず、〝（法が目指すべき）正義の客観的基準〟など存在しないことを証明し、無から〝法秩序〟を創造することを正当化しようとする急進化した法実証主義は、ハイエクにとって受け入れがたい。

先に見たように、「大きな社会」で共有される「正義」の消極的かつ一般的性格を強調するハイエクは、コスモスを支える「正しい振る舞いのルール」及び「正義」の「積極的基準 positive criteria」の存在を否定する。しかし、それはあくまでも「積極的基準」がないということであって、「客観的基準 objective criteria」がないということではない。しかしながら、（主としてドイツで発展し、先鋭化された）法実証主義は、「積極的基準がない」という論証を、「客観的基準がない」という論証へと不当に拡張し、「正義」をめぐる全ての問題を意思、利益、情緒などの問題に還元しようとする[37]。

法実証主義の源流

ハイエクは、法実証主義が反正義論的な性格を帯びているのは、単なる偶然ではなく、思想史的な根拠があることだと見ている。彼は、「実定法」と言う場合の〈positive（実定的）〉という形容詞が、ギリシア語の〈thesei（措定されたもの＝定められていること）〉のラテン語表現である〈positus〉あるいは〈positivius〉から派生したことに注目する。つまり、〈positive〉は、意図的な創造物に関わる形容詞であり、その点で、（ノモスではなく）「テシス＝組織の法」と繋がっているわけである。「実定法」以外の規範を「法」と認めない「法実証主義 legal positivism」は、その語義からして、テシス中心主義的な発想に立っていると見ることができるわけである。

実際、近代の法実証主義の元祖として位置付けられることも多いホッブズは、『リヴァイサン』（一六五一）の中で、国家の法とは、主権者が自らの意思を、言葉や書面、あるいはその他の記しによって、臣民に対する命令として示したものであるとしたうえで、[38]「真理よりもむしろ、（国家の）権威が法を作る non veritas sed auctoritas facit legem」[39]と明言している。立法に際しての主権者の意思によって「法」が制定されるという、極めてテシス的な法理解をしているわけである。ベンサムや、その影響を強く受けた法哲学者のジョン・オースティン[40]（一七九〇－一八五九）なども、主権者の意思による立法行為によって、何が法であるかが決定されるとする議論（＝主権者命令説）を発展させた。法実証主義の究極の形態とも言うべきケルゼンの「純粋法学」は、究極的権威の意思的行為あるいは「根本的規範 Grundnorm」からあらゆる法規範の妥当性が論理的に導き出され、法秩序全体が形成される、という前提で理論が構築されている。[41]

そうした（テシス寄りの）「法」理解が強くなっていく中で、正義が法に先行し、法の少なくとも一部は正義の概念によって限定されるとする、従来の（ノモス的な）法理解は次第に衰退していく。そして、法の創造主は正義の創造主でもあるとする、極めて先鋭化された法実証主義の教義が形成されてくる。[42]ホッブズが既に、「法は不正ではありえない[43]」と述べていたが、最も極端な立場を取るケルゼンは、「正しいというのは、合法（legal）あるいは正統＝適法（legitimate）ということの言い換えにすぎない[44]」とさえ言明している。立法者は、いかなる既存の「正義」概念にも縛られることなく、「法」を作り出すことができるわけである。

> 正しい振る舞いのルールにかんする限り、その内容はつねに立法者の意思のあらわれであるという法実証主義の主張が全く誤りであることは自明である。（……）それは公法を構成する組織ルールに限定すれば必ず真実である。そして現代の指導的な法実証主義者のほとんどが公法の法律家に加えて、たいてい社会主義者であったことは意味深長である。すなわち、かれらは秩序を組織としか考えることができない組織人であり、正しい振る舞いのルールは自生的秩序の形成に導くことができるという一八世紀の思想家たちの立論は、すべて見失われてしまったように見える。／このために、実証主義者は正しい振る舞いのルールと組織のルールの区別を

抹消しようと努め、法と通常呼ばれるものすべてが同じ特徴をもつ、とくに正義の概念はその法が何であるかの決定をいっさい取り扱わないと主張してきた。正義の積極的基準は存在しないという洞察から、いかなるものであれ正義の客観的テストはありえない、と誤って結論付ける[45]。

立法者の意思のみから全ての〝法〟が導き出され、それらの〝法〟について客観的な基準から「正義／不正義」を問うことはできない、と見なす法実証主義の主張は、ハイエクに言わせれば、イデオロギーである。それは、組織の法＝テシスとして制定された公法こそが、〝法〟の標準であり、自生的に形成された私法＝ノモスは本来的な意味での〝法〟ではない、という誤認を起点とするイデオロギーである。法実証主義にとって、法秩序は、立法者の意図を実現するために生み出された組織（タクシス）であって、その秩序の枠内で思考する限り、立法者の意図と独立に存在する〝正義〟についての問いを立てることは無意味なのである。

引用から分かるように、ハイエクは、そうした法実証主義の公法＝テシス中心主義と、社会主義が密接に結び付いているという見方をしている。本書でこれまで見てきたように、ホッブズやベンサム——及び、その影響を受けたオースティン——は、ハイエクが言うところの設計主義的合理主義の思想家であり、その意味で、社会主義の源流に位置する思想家だということができる。ケルゼンは、戦間期のオーストリアの社会民主党政権と極めて近い関係にあったことが知られており、社会主義的な国家観を擁護する著作もある。また、ナチスの政権掌握以前は法実証主義の立場を取っていたとされる、戦前のドイツの代表的法哲学者ラートブルフ（一八七八―一九四九）は、ドイツ社会民主党（ＳＰＤ）の党員であり、同党選出の国会議員、司法大臣も務めている。

設計主義的合理主義と結び付いたテシスの論理がノモスの領域にまで不当に拡張することに警鐘を鳴らすハイエクの見地からすれば、ラートブルフやケルゼンが〝社会主義者〟であるのは、単なる偶然ではない。自生的に形成される「正義」の基準を認めない法実証主義者は、国家あるいは社会の〝正しいあり方＝正義〟は、立法によってゼロから規定することができるし、そうすべきであるという発想に傾きやすい。そこで、国家による社会の合理的な再編や、財の再配分を〝社会的正義〟という名の下に追求し、そのための各種立法措置を講じようとする社会民主主義との接点が出てくるわけである。

正義の乱用としての「社会的正義」

先に見たように、ハイエクは、ロック―ヒューム的な意味での正義、即ち、私的所有と契約をめぐる消極的かつ普遍化可能な「正しい振る舞いのルール」に即した「正義」の重要さを認める。しかし、**「社会的正義 social justice」**と呼ばれているものは、それとは明らかに異なっており、それは**正義という言葉の乱用**だという。

「社会的正義」という言葉が使われる時、あたかも「社会」全体が一つの人格を持っているかのように「行為」し、かつ、その「行為」の帰結として、その社会に属する人々や集団がしかるべき処遇を受けるかのようにイメージされることがある。ハイエクに言わせれば、それは、人間に似たものであり、かつ社会全体を導いてくれるものとしての神をイメージし、その〝正義〟を期待した原始的思考の名残である。[46] ハイエクは、一九世紀後半以降様々な文脈で用いられるようになった「社会的正義」という言葉がしばしば**「配分的正義 distributive justice」**と等値されていることに注目する。ミルの論文『功利主義』(一八六一)の中の「正義」を論じている章に、そのヒントがある、という。

ミルは基本的には、「正しい振る舞いのルール」――ミル自身の表現としては、「振る舞いのルール a rule of conduct」――と、それを是認する感情という二つの側面から、「正義」を捉えようとしているが、[47] 彼の挙げている正義の五つの意味の内の一つは、社会を構成する人々の処遇における公平性(impartiality)の要求に関わっている。[48] ミルは、この意味での正義を「社会的正義」もしくは「配分的正義」と呼んでいる。具体的には、各人が、その人の社会に対する――プラスあるいはマイナスの――功績に見合う形での公平な処遇、当然の報いを平等に受けることである。それは、社会的不平等、身分を隔てている特権を除去するということでもある。[49]〝公平な処遇〟はしばしば、各人にその功績に相応しい財やサービスを配分することをも意味する。そうなると、市場での取引を超えて、財の再配分を行わねばならない可能性も出てくる。ハイエクは、「配分的正義」としての「社会的正義」は、社会主義にストレートに繋がる可能性があると指摘する。

「社会的あるいは配分的正義」をそれぞれの相応しい賞罰にしたがった社会による個人の「処遇 treatment」にはっきりと関連づけるそうした言明は、平明な正義とそれとの差異をもっとも明瞭に表わしていると同時に、その概念を空虚なものにする原因ともなっている。「社会的正義」にたいする要求は、個人にたいして向けられているのではなく社会に向けられている。だが、政府機構とは区別されなければならない厳密な意味では、社会は特定の目的のために行為することはできないのであり、それゆえに「社会的正義」にたいする要求は、さまざまな個人や集団にたいする社会の生産物の取り分の割り当てを可能にする仕方で、社会の構成員が自らを組織化すべきであるという要求になる。そこで、正しいと見なされた配分パターンを達成するという目的をもって社会の構成員たちを理解することができる権力に、服従する道徳的義務が存在するということが第一の問題となる。[50]

社会的生産物の割り当てとしての「配分的正義」を目指すのであれば、その配分を社会全体の目的として共有し、それを実行できるだけの権力を持った政府機構を創設し、その方針に従うことを全員に義務付けなければならなくなる。つまり、社会の経済活動（＝エコノミー）全体を、巨大な権力を持った政府によって組織的に運営し、その成果を公平に分配する、集産主義的なやり方が必要になってくるわけである。当然、テシスの不当な拡大、特にカタラクシーへの干渉に反対するハイエクの基本的な立場からすれば、受け入れられないことである。

「配分的正義」のなにが問題か？

「配分的正義」をめぐっては、アリストテレスの『ニコマコス倫理学』から、現代のロールズの正義論に至るまで、様々な哲学的論議が成されてきた。論文**「自由主義的社会の秩序はどうあるべきか」**（一九六六）でハイエクは、過去二千年にわたって「適正価格 just price」「適正報酬 just remuneration」「所得の適正配分 just distribution of incomes」など、配分的正義と関連した哲学的・経済理論的探求が継続的に営まれてきたことを指摘している。しかしその一方で、**市場秩序における、配分のための「適正 just」の基準は見つからなかった**ことを強調する。中世後期から近代初期の学者たちは、「適正価格」や「適正報酬」は、詐欺や暴力、あるいは特権のない市場において自ずから形成される価格や報酬であると定義するに至ったが、それは結局、「正しい振る舞いのルール」に従っての「正しい振る舞い」の結果を「正しい結果 just result」として受け入れるということであって、「配分的正義」あるいは「社会的正義」に固有の問題は存在しないことになる。[51]

『法と立法と自由』では、適正価格をめぐる議論が、市場における競争価格こそが「正しい価格」であるという結論に到達した地点から、ロックなどの古典的自由主義の正義概念が発達してきたとの見方が示されている。[52] ハイエクに言わせれば、配分的正義論の歴史は、それが**「大きな社会」にはそぐわない議論**であることを証明しているわけである。[53] 小さな部族社会では、各人の功績に見合った取り分の割り当ては可能かもしれないが、少なくとも、「大きな社会」では、各人の目的が異なるので、どのような資源配分状態が「適正」か、一義的に規定することはできない。目的を共有する組織＝テシスという枠の中で考える場合にのみ、配分的正義は――「正しい振る舞いのルール」から導き出される古典的自由主義の「正義」とは異なる――固有の意味を持つのである。

ハイエクは、既に終わったはずの〝配分的正義〟の実現のために集産主義的なやり方を促進しようとする社会主義の思想的影響が拡がった背景として、①「社会的正義」へのコミットメントが、その人の道徳的良心の証明と見なされやすいため、人々が部族社会から継承してきた道徳感情のはけ口になりやすいこと[54]や、②資本主義経済の発展と共に、組織（企業）の中で働く人々の労働・生活形態がある程度均質化してきたため、収入の格差に対する不満と物質的平等要求が高まったこと[55]、及び、③馴染んだ地位や所得を喪失することに対する人々の抵抗感[56]などを挙げている。

物質的平等や所得水準の維持を実現すべく、報酬や仕事を人々に組織的に割り当てる社会主義のやり方は、本来、異なった目的を有する人々の間の「正しい振る舞いのルール」から発展してきた、「法の支配」とは相容れないはずである。にもかかわらず、（実証主義的な）法学者の中には、個人的あるいは交換的正義（individual or commutative justice）を、配分的正義に置き換えても、法の下での自由は保持されると主張する人々がいる[57]。ラートブルフは『法哲学』（一九三二）で、法全体を公法化あるいは社会法化することを通して、配分的・公法的正義（die austeilende, öffentlich-rechtliche Gerechtigkeit）の独占支配状態を生み出すことを正当化したうえで、「社会主義国家といえども一つの法治国家であろう。勿論、それは、調整的正義（die ausgleichende Gerechtigkeit）ではなく、配分的正義によって支配される法治国家である」[58]、と明言している。

ハイエクの立場からすれば、「法の支配」という場合の「法」は基本的に、私法を中心とするノモスである。組織の法である公法＝テシスによる〝支配〟は、実際には、上からの命令であって、本来の意味での「法の支配」ではない。「配分的正義」を公法によって実現しようとする「社会的」立法は、「法の支配」を歪め、個人の自由の基盤である「コスモス」を侵食することになるのである。

ただし、配分的・公法的正義は否定するものの、ハイエクは**「社会保障」を全て否定しているわけではない**。『自由の条件』では、自分の力の及ばない事情から生じた極端な貧困や飢餓に脅かされている人々に対する公的扶助の制度と、老齢、失業、疾病などの極度の困難に備えるべく各人に加入を義務付ける「社会保険」の必要性は認めている[59]。ハイエクが問題視するのは、**「社会保険」が国家の支配による統一組織によって独占サービスとして運営され、所得の再配分機能までも担うようになること**である[60]。そこまで行くと、福祉の名の下での、社会主義経済の追求になってしまう。困窮した人たちの救済というところから出発して、いつのまにか「配分的正義」にまで拡張して行く、「福祉国家」の理念の曖昧さをハイエクは警戒する。

> サービスを提供するための統一的で政治的に指導された計画は、大多数の人びとの相対的所得を決定し、そして経済活動全般にわたって支配する手段に、急速に変質していくのがその運命

であるように思われる。ベヴァリッジ計画は創始者には所得再配分の手段とは意図されなかったが、政治家により急速にそうしたものに変質していった多くの例のうちでももっとも著名な一例である。自由社会はすべての人にある最低水準の厚生を供与することは可能であるが、あらかじめ想定されたある種の正義の概念にしたがって所得を配分することとは両立しない(61)。

民主主義の肥大化と社会的正義

ハイエクは、所得の再配分を目的とする立法が推進されている政治的背景として、**民主主義の肥大化**を挙げている。

本書で繰り返し述べたように、ハイエクは英国で発達した議会制民主主義を、「個人の自由」と「法の支配」を促進する制度として評価する一方で、議会の権力が大きくなりすぎて、無制限の主権を獲得してしまうことに対しては批判的である。『自由の条件』では、議会制民主主義に内在する危険はさほど強調されていなかったが、その十九年後（＝一九七九年）に出された『法と立法と自由』**第三部「自由人の政治的秩序」**では、現行の議会制民主主義に対する懸念がメインテーマになっている。

議会がその役割を「正しい振る舞いのルール」としての「法」の制定と施行＝強制に限定している内はいいが、いかなる内容であれ、議会が立法したものは全て〝法〟であるということになると、「法の支配」は無意味となる。「法の支配」によって制約されない民主主義が、単なる（議会内の）

多数派による恣意的な支配に堕する恐れがある。

〝多数派〟の恣意的な支配の下では、多数派に属する代議士が代表する特定の集団に対して補助金、特権など、各種の便宜が供与されることになりやすい。小規模な集団は小規模な集団で、多数派に賛同するのと引き換えに、利益を引き出そうとする。それらは、特殊利益であるにもかかわらず、「一般的利益」であると強弁され、「社会的正義」の名の下に道徳的に正当化されることになる[62]。当然のことながら、特定の集団に対する利益供与は、他の誰かの犠牲の上に成り立つ。「社会的正義」に対するハイエクの懐疑は、**利益誘導政治に陥りやすい現行の代議制民主主義に対する懐疑と連動している**わけである。

> 多数派の同意はある措置の正義の証拠である、と依然信じられている。だが、多数派のほとんどの成員は、かれら自身の派閥の要求を満たしてくれる代償の支払いとしてのみ同意するだろう。物事は受益者以外の人がそのメリットにもとづいて正しいと判断するためではなく、単に定期的になされるという理由で、「社会的に正しい」と判断されるようになる。分派グループを絶えずくどく必要性は、結局のところ、まったく思いがけない道徳基準を生み出す。厚遇されている社会集団は特別な措置の受益者として常に選びだされているわけだから、そうした利益を受けるに特に値するはずだ、と人々に信じ込ませてしまう。時として、「あらゆる現代民主主義はあれこれすることが必要であると判断してきた」という議論が、あたかも、ある特定

メカニズムの無計画な結果にすぎないというよりも、むしろある措置の望ましさの証拠であるかのように、使われているのにわれわれは出くわす。[63]

現代民主主義では、［多数決の同意による決定＝社会的に正しい＝道徳的］と自動的に見做されてしまう傾向があるが、ハイエクに言わせれば、そうした決定の多くは、コスモスの中で進化してきた「一般的で抽象的な正しい振る舞いのルール」、あるいは「公平性」の基準とはほとんど無関係に、各利益集団と、それを代表する派閥＝政党（party）の間での政治的取引によって成立している。既に見たようにハイエクは、各人や集団が個別のケースごとに――それぞれの目的の追求のために――「正義」に適った「取引 transaction」を行うことを、［コスモス―カタラクシー］の視点から重視するが、利益集団の代表たちによる政治的〝取引 bargaining〟は、むしろそれを侵害するものとして否定的に見ており、そこに「正義」が成立する余地を認めない。〝取引〟に基づく利益配分の方式が、いつのまにか、みんなの合意を得られる〝社会的正義〟を反映したやり方であり、だからこそみんなの合意を得て立法化された、と見なされるようになる。ハイエクにとって、これは全くもって転倒した事態である。

そうした党派間の取引によって運営される**「取引民主主義 bargaining democracy」**の下で決定される政府の行動計画は、人民の共通の意見や願望を反映しているわけでもない。[64] ほとんどの人は、自分に直接関係していることにしか関心を持っておらず、政府の行動計画の全体像を把握しているわけではない。行動計画の中には、相互に矛盾する要素が含まれていることさえある。それぞれの利益集団に属する人は、自分たちが直接的に関心を持っている利益を受け取るだけで、それ以外の項目に関心を持たない。そうした〝取引〟の帰結として、全体として見れば、到底多数派の承認を得られそうにない行動計画が出来上がってしまう。

人民の代表であるはずの代議士たちは、交渉を通しての行動計画を策定する仕事に従事するようになる。代議士たちの議会での中心的な仕事は、「民主主義的立法 democratic legislation」というよりも、「民主主義的行政 democratic government」になりつつある。[65] ハイエクに言わせれば、民主主義の機関としての「議会」が遂行すべき本来の「立法」は、「正しい振る舞いのルール」の体系から生まれてきたノモスを明文化したり、「正義」に適うように修正したりすることであって、利益配分のために社会全体を計画的に組織化し、実行することではない。

にもかかわらず、資源配分や行政機構の管理が、議会の主要な関心事、業務になっており、代議士たちも有権者も、政治理論家たちの多くも、それがごく自然のことだと考えているため、立法と行政の区別が曖昧になりつつある。そのため政府、そして国民に特定の行動を取らせる行政命令が――「正しい振る舞いのルール」やノモスと無関係に――議会の〝立法〟の名の下に発せられ、どんどん推進されていく傾向にある。**立法と行政の癒着によって、〝行政〟が肥大化している**のである。

ハイエクは、度量衡の制定、都市環境、道路、教育、商品の品質証明といった集合財（collective

goods）の供給や行政機構の管理が、人民の多数派の意見を反映して行われること自体には賛成するが[66]、それが、「立法」を本来の任務とするはずの議会の主要な仕事となり、行政の目的のために〝立法〟が行われるという事態は、民主主義の本来の在り方ではないと考える。行政上の行動計画の都合から、〝立法〟が行われるようになり、立法と執行（行政）の間の権力分立が形骸化するからである。もう少し具体的に言うと、議会の多数派として政府＝執行権を握った政党が、自らが権力を保持しやすいように集団間の利害調整を行い、それを元に行動計画を策定し、〝立法〟化することによって、社会全体を管理しようとするようになるからである。（民主主義的に選出された）多数派が支配する議会は、「法」によって行政を制約するのではなく、むしろ行政の方針を支持する役割を担うことになる。

行政・利益配分主導の――設計主義的な性格の強い――民主主義が、（諸個人の自由な目的追求を保障する秩序としての）コスモスを破壊していると見るハイエクは、**民主主義的立法を、ノモス、あるいは、人々に共有されている「正義」の観念によって制約することが不可欠だと考える。**

デモクラシーからディマーキーへ

論文「政治思想における用語の混乱」でハイエクは、多数派に無限の力を与える傾向のある現代政治において、民主主義と限定的政府（limited government）が対立的関係にあると見てしまう見解の誤りを指摘している。ロックは『市民政府論』で、「いかなる政治共同体であれ、その立法権力、すなわちその最高権力を掌握する者は誰でも、にわか仕立ての命令（decrees）によってではなく、国民に公布されて公知のものとなっている恒常的な法（established standing laws）によって、そしてその法に基づいて争いを裁決する公平で公正な裁判官によって統治すべきである」[67]という原則を述べているが、議会の力が拡大するに従って、多数派の意志を代表して〝立法〟を行う議会は究極の権力（ultimate power）を有しており、いかなるものによっても制限されない、という誤った「民主主義」理解が通用するようになった。ハイエクはそうした誤解を解消すべく、**「限定的民主主義 limited democracy」**を適切に表現する新たな言葉を採用することを提案している。

〈democracy〉の語源であるギリシア語の〈demokratia〉は、「民衆」を意味する〈demos〉と、「力」を意味する〈kratos〉を合成した言葉である。つまり、〈demokratia〉は、人民（の多数派）が権力を握ることを意味する言葉であって、「法」もしくは「支配」という要素は含んでいないわけである。ハイエクは、恣意的な指令によるのではなく、確立された法律による「支配」であることを強調すべく〈kratos〉の代わりに「支配」を意味する〈archein〉を〈demos〉と合成して、**「ディマーキー demarchy」**という新しい言葉を作り出している[68]。

「ディマーキー」は文字通りの意味では「民衆の支配」であるが、問題はどのように「支配」するかである。ハイエクは、**民主主義の本来の理想は、「民衆の意志による統治 rule of a popular will」ではなく、「民衆の意見による統治 rule of the popular opinion」である**という前提に立ち、「ディマーキー」を後者の意味で用いている。**「意志 will」**と**「意見 opinion」**を使い分ける必要があるのは、「意志」

という言葉が、ルソーや設計主義者たちの議論に見られるように、合理的に一つの目的を志向する「人民の意志」のようなものを含意しているからである。それに対して、（ハイエクの理解する意味での）「意見」の方は、「正しい振る舞いのルール」をめぐる伝統や慣習の中で形成され、（それぞれが異なった目的を追求する）人々に広く共有されている見方、あるいはその傾向性を意味し、具体的な目的に拘束されていないと想定されているからである[69]。

（多数派の政党によって支配される）議会が具体的な行動計画を立て、その実現を目指して〝立法〟を行うのであれば、その裏付けとして「人民の（統一的）意志」が成立しているという前提が必要になってくるが、民衆の多数派の「意見」を反映する形で、自生的に形成されてきたノモスを明文化・補完するという本来の意味での「立法」に自己限定するのであれば、「（統一的）意志」という前提は必要ないし、かえって有害になる。**「ディマーキー」とは、民衆が、ノモスとしての「法」を守りながら、本来の意味での「立法」及び、**（その「立法」の制約の下での）**「行政」を実行する仕組み**だと言うことができよう。

『法と立法と自由』でも、「民主主義」という言葉の濫用から生じてくる種々の誤解――例えば、共産主義者が民主主義を自称するようなケース――を避けるために、この「ディマーキー」という言葉を使用することを提案している。ここでは「ディマーキー」は、多数派の行使する権力の正統性に関わる言葉として用いられている。「ディマーキー」の下では、多数派の意思が権威を有し、他の人びと（少数派）に対して拘束力を有するのは、「その多数派が一般的ルールに自らを縛り付けることで、正しく行為するというその意図を証明」できる場合に限られる。[70] 言い換えれば、（人びとに広く受容されている）「一般的ルール」への適合性という基準によって、多数派による統治が限界付けられるわけである。この意味での「ディマーキー」は、法の前での平等を意味する「イソノミア」とも不可分の関係にあるという。[71]

ハイエクは、行政の必要性が拡大している現代において、そうした「ディマーキー」の理念を現実化するための制度的構想として、先に述べたように、現行の議会を、本来の意味での「立法」に専念する立法院と、立法院の制約を受けながら一定のサービスを行う行政院に分けることを提案するわけである。立法院は、私法体系の修正や、競争市場を有効に作用させるための会社法などの法整備、生産や建築の規制など、人々の振る舞いを規制する一般的ルールの策定を担当する。[72] 行政院は、立法院が定めた一般的ルールの範囲内に収まるような形で、行政機構の組織や、政府に委託された物的・人的資源の管理についての決定を行う。[73] 行政院は、立法院によって制定されたルールから直接的かつ必然的に導き出されない、いかなる命令も私人に対して発することはできない。

個人の自由や権利を尊重する「自由主義」と、人民の集団的自己統治としての「民主主義」の間の葛藤をめぐる現代の議論では、多数決によって奪うことのできない（憲法上の）基本権を設定するということに焦点が当てられることが多い。ハイエクの発想はそれとはやや異なる。彼は、諸個人を「多数派の専制」（トクヴィル、ミル）から守るというよりもむしろ、**多数派の行動を「一般的ルール」で縛ってしまうこと**、そして、**多数派が設計主義的な欲望に取りつかれにくい新たな代議**

制を考案することによる問題の解決を志向する。言い方を変えれば、ハイエクは「民主主義」が従うべき、一般的ルールを――［進化論―コスモス的］な視点から――確定することが可能だと考えているのである。

ハイエクとロールズ

本論の最後に、現代の英米の自由主義系の政治哲学で最も影響力のあるロールズの正義論と、ハイエクのそれとの関係を考えてみよう。

ロールズは、「社会的・経済的不平等は、その不平等が最も不遇な人々の期待効用を最大に高めるものとなるよう調整されねばならない」という**「格差原理** difference principle**」**によって「配分的正義」を正当化したこと、自由と平等を原理的に両立させようとしたことで知られている。「格差原理」は、分かりやすく言うと、経済成長などによって全体のパイを増やし、それによってその社会の最底辺に位置する人の経済・状態が改善するような性質の不平等であれば正当化されるが、そうでなければ、正当化されないということだ。競争による格差拡大に一定の枠をはめるわけである。[74]その点で、配分的正義を本来的な意味での「正義」と認めず、配分的正義を福祉国家の枠組みで実現しようとする議論を社会主義の変種と見るハイエクとは真っ向から対立するように思われがちである。

しかし、ロールズの『正義論』（一九七一）の五年後に出された『法と立法と自由』**第二部「社会**

正義の幻想」（一九七六）では、ロールズの正義論がむしろ好意的に参照されている。[75] ハイエク、ロールズそれぞれの一般的イメージからすると、かなり意外な展開になっている。

ハイエクは先ず、「取引の正義」は、その取引のやり方に関わるものであって、結果とは無関係であることを――ロックの議論に即して――確認する文脈で、ロールズの論文「憲法上の自由と正義の概念」（一九六三）を随時参照している。[76] この論文でロールズは、（ややラフな形で定式化された）格差原理を中核とする配分的正義の問題を既に提起している。しかし、その一方で、自分が問題にしている配分的正義の問題はあくまでも、経済活動を規定し、制御する諸ルールの一般的体系を設計する際に考慮に入れるべき諸権利の配分と割り当てをめぐる問題であって、一定量の所得あるいは財を、一定のパターンの欲求や趣味を持った特定の諸個人に配分することを意図するものではないと明言している。

> もし法と政府が、市場の競争性、諸資源の完全使用、相当期間にわたっての資源と財の広範な配分を確保し、適切な社会的ミニマムを維持するために、効率的な措置を取っていると考えられるならば、その場合、もし機会の平等が存在するならば、そこから生じる配分は正義に適っている、あるいは少なくとも不正義ではないであろう。それは正義に適った体系の作動の結果として生じるものであろう。（……）この体系に対しては、人々はいかなる不満を述べることもできないのである。例えば、すべての人々が、自分にふりかかる不幸を乗り切るに十分な私

財をもっているであろうとは想定されることができないから、社会的ミニマムは、単に合理的な保険や用心の一形態にすぎないのである。正義に適った体系が存在している場合には、人々は、個々の結果について不満を述べたり心配する必要はないのである[77]。

ハイエクはこうした箇所に注目し、**ロールズ流の配分的正義論を、ロック以来の古典的自由主義正義観の基本線を守っているものとして捉えたうえで、肯定的に評価しようとしている**。無論、それが正しいロールズ理解とは限らない。ロールズは、格差原理を抽象的に定式化しているだけで、どのように具体的に制度化すべきか細かく記述していないので、かなり解釈の幅がある。格差原理は、福祉・公共政策を通じての財の再配分に通じると見る論者も少なくない。加えて、「憲法上の自由と正義の概念」での考え方が、『正義論』でそのまま保持されていると言えるのかも疑問である。ただ、ロールズが、いわゆる〝結果の平等〟を至上命題と見なし、そのために個人の経済活動の自由を抑圧しようとしているわけでないことだけは確かである。個人の幸福追求の自由を重視するロールズは、社会全体の経済活動を組織化し、各人に仕事や地位を割り当てるような、通常の意味での社会主義的やり方は志向しない。

ハイエクは、（少なくとも「憲法上の自由と正義の概念」の）ロールズが〝結果における平等〟（＝財の再配分）を直接的に実現しようとするのではなく、機会の平等や資源の完全使用など、市場での活動の条件を整え、各人が社会的ミニマムを確保しやすくすること、言い換えれば、**〝結果〟に至**

るまでのプロセスの公正さ（＝手続における正義）**に焦点を当てていることを注視している**わけである。

当然のことながら、〝結果の平等〟を直接に目指さないとしても、社会的・経済的平等の在り方を、最も不利な人にとっての便益になるよう調整しようというのは、少なからず設計主義的なニュアンスを伴う発想であり、ハイエクの重視する「正しい振る舞いのルール―（消極的）正義―コスモス」の連関からは出てきそうにない。しかしハイエクは、ロールズの志向する配分的正義が、プロセスにおけるルールの確立に焦点を当てるものであれば、自らの「正しい振る舞いのルール」論と両立可能であると主張する。『法と立法と自由』の第九章の「社会的正義概念」の空虚さを論じる議論の締めくくりとして、次のように述べられている。

> 正義の法廷が司る正義は正しい振る舞いのルールの基礎としてのみ重要であるわけではない。疑いもなく、ジョン・ロールズが最近一冊の重要な書物に割いた問題である、政治制度の意図的な設計と関連した正義の純粋問題も存在する。私が残念に思い、混乱しているとみなす点は、この関連でかれが「社会的正義」という用語を採用していることである。しかし、その問題に進む前に、細目まで定められたシステムとか望ましい事物を配分的正義に適うとして選びだすという仕事は、「原理的に間違いであるから放棄しなければならないし、いずれにせよ、それは明確な答えを出すことはできない」ことを認める著者となら、私はなんの基本的な論争点を

もたない。「むしろ正義の諸原理は、もし諸々の制度や共同活動に携わっている人々が、それらに対していかなる不満も述べるべきでないとするならば、それらの制度や共同活動が満たしていなければならない諸制約を明確に規定するものである。もしこれらの制約が満たされているならば、その結果として生じる配分は、それがどのようなものであれ、正義に適っている（あるいは少なくとも不正義ではない）ものとして受け入れられることができるのである。」私が本章で議論しようとしてきたことは大なり小なりこのことなのである。[78]

ここで一冊の重要な書物と呼ばれているのは、『正義論』のことである。引用から分かるように、ハイエクはロールズが『正義論』の中で「社会的正義」という言葉を使っていることについては批判的だが、それが実際には、ハイエクが問題視しているような、特定の社会集団間の〝取引〟に基づく財の再配分や、社会全体の組織（タクシス）化を含意しているわけではないと見て、〝好意的〟に解釈しようとしている――ハイエク流の解釈が、ロールズにとって歓迎すべきものなのかどうかは定かでないが。

ハイエク流の解釈に即して説明すれば、ロールズが「社会的正義」あるいは「配分的正義」という用語で言い表わしているものは、**人々がそれぞれの目的を追求するために協力し合うことを前提とした**――社会的ミニマムを可能な限り保証する仕組みなどを備えた――**制度的枠組みの中で規定される「正しさ」**ということになるだろう。それは当然、ハイエク用語で言うところの、「正しい振る舞いのルール」の適用に関わる、消極的で一般的・抽象的な性質の正義とは異なる。また、ロールズの言う「制度」というのも、完全に自生的なものではなく、ある程度タクシス化され、（格差原理という形での）目的志向性を有する――その意味では、目的中立的あるいは価値中立的とは言えない――制度だろう。簡単に言うと、（ハイエクの視点から見た）ロールズは、みんながそれぞれの幸福を追求しやすくするための政治・経済制度を構築したうえで、各人がその制度のインフラを利用し、規約を守りながら、フェアプレーできるようにすることを、配分的正義の主要問題として捉えているわけである。

それを承知のうえでハイエクがロールズを評価し、自らの議論の流れに取り込もうとしているわけだから、裏を返して言えば、ハイエク自身も、そうした**相互協力のための**――タクシス的な性格を持った――**「制度」の必要性を認識している**ということである。このことは、既に見たように、ハイエクが、（再配分的性格を持たない）福祉の必要性を認めていることや、集合財の管理についての新しい枠組みとしての行政院を提案していることとも整合性がある。

ハイエクが懸念しているのはあくまでも、「社会的正義」の名の下に、政府がその社会の財の配分状況を、その最終的帰結に至るまで細かく決定するようになり、それによって、「正しい振る舞いのルール」から成る「コスモス」の中で培われてきた「自由」の基盤が掘り崩されていくことである。「正しい振る舞いのルール」の進化と両立するような、手続的な意味での〝配分的正義〟であれば、望ましいものとして受け入れる用意はあるのである。政府の公共部門での活動や、協力のための制度の存在によって、市場での取引に何等かの影響が生じることを一切拒絶しているわけではないのである。無論、ロールズのイメージする制度の運営ルールと、ハイエクのそれとが内容的に一致しているとは限らないわけだが、「自由」と「正義」の関係についての基本的な考えは意外と近いのかもしれない。

この点にだけ注目すれば、国家の存在自体を有害なものと見なすリバタリアンの中で最も極端なアナルコ・キャピタリスト（無政府資本主義者）や、各人が自然状態において獲得していた（はずの）所有権を中心とする権利保護の役割に自己限定する「最小国家」しか認めないノージックなど[79]よりも、むしろロールズに近いところに、（リバタリアニズムの政治哲学の元祖と見られることの多い）ハイエクは位置しているように思われる[80]。

ハイエクが、ロールズの構想する「制度・手続的正義」を受け入れることのできる理論的背景として、ハイエク自身の［自由主義―個人主義］が、**常に自分自身の利益に適う合理的な判断をできるとは限らず、**（誰もその効用を把握することができない）**自生的な制度に依拠しながら生きている〝愚かで迷いやすく、あまり強くない個人〟を前提とするものである**ことを指摘できるかもしれない。ハイエクのイメージする「大きな社会」には、そうした〝愚かで迷いやすく、あまり強くない個人〟の目的追求を補助し、誘導する様々なレベルのコスモス的あるいはタクシス的な性質の制度が備わっている。ロールズの提案する（格差原理を組み込んだ）相互協力のための制度も、そうした制度の一つであり、他のタクシス的制度や、カタラクシーを始めとする自生的制度と相互に支え合う関係にあるのだとすれば、ハイエクがそれを受け入れてもおかしくない。ロールズの正義論も、ある意味、自分一人だけでは自分の目的を追求しきれず、他者との協力関係を求める〝あまり強くない個人〟を前提としているがゆえに、格差原理を必要としているのかもしれない。そう考えると、両者が、自分の幸福を自分だけの力で追求できる意志を持つ〝強い個人〟（あるいは、強くあろうとしなければならない個人）を前提とする正統派リバタリアンの正義論と一線を画するのは当然のことかもしれない。

無論、〝あまり強くない個人〟を支えるためだ、という名目で、その管轄領域が個人の経済活動の方向性や私生活の在り方にまでも及び、それに伴って（集合財の使用に関わる）あまりにも細かなルールを備えた、タクシス性の強い制度を作ってしまうと、次第に設計主義的な「社会的正義」論に近付いていくので、ハイエクがロールズ的な意味での「制度」の構想を受け入れることのできる許容限度はあるはずだ。どこにその限度があるかについてハイエクはあまり細かい議論をしていないし、ロールズの方も応答していないので、解釈者が両者の思想全体を再検討したうえで、推測を働かせながら再構成するしかない。

ハイエクとロールズの理論的接点を探ることは、「正義」の本質をめぐって展開する、現代政治哲学に新たな光を投げかけることに繋がるかもしれない。

終 章

現代思想における

ハイエク

二項対立から微妙に外れる思考

本書のまとめとして、現代の政治思想においてハイエクが占める独特の位置について改めて考えてみよう。彼の思想の特徴を敢えて一言で表現すると、**「様々のレベルの二項対立から微妙に外れていく思考様式」**、ということになるだろう。「微妙に外れる」というのは、ハイエクは一見すると、対立する二つの陣営のいずれかに強くコミットしているように見えることが多いが、よくよく観察してみると、その対立図式から少しズレた所に位置しており、争点になっている問題に対して独自の視点を持っていることが次第に明らかになってくる、ということだ。

一番分かりやすいところから言うと、［左＝社会主義／右＝保守主義］の対立図式において、ハイエクは、一見、「右」の方の旗頭であるように見える。しかし、本書の第三章で見たように、彼は自らが「保守主義」とむしろ対立する立場にあることを明言しているし、ナショナリズムの言説にしばしば見られる国家有機体説も否定している。彼は、「保守主義」が伝統的な体制を保持せんがために、「進化」に抵抗したり、時として社会主義と同様に設計主義的・集産主義的な手法を取ることに批判的である。決して、「保守主義」を信頼できる同盟相手とは考えていない。

彼は、自らが属する「自由主義」は、設計主義という点では社会主義と、反進歩という点で保守主義と対立し、三者は三角形を構成していると主張する。自由主義と、社会主義はそれぞれ別の方向に進んでいこうとするのに対し、保守主義は両者の間でバランスを取ろうとするが、社会主義の側に引っ張られ、妥協することの方が多い、という[1]。

　では、先の二項対立の「右」の典型を「自由主義」に置き換え、［左＝社会主義／右＝自由主義］と考えたらどうだろう。ハイエクが、三角形の中で「自由主義」に属することは確かだが、「自由主義」陣営の中で最も急進的な反社会主義批判の立場を取っているかというと、微妙である。

　確かに彼は、社会主義経済計算論争や『隷従への道』で、社会主義批判の経済学者の急先鋒として認知されるようになり、最晩年に至るまでその立場を崩していない。しかしその一方で、リバタリアンの中で最もラディカルとされるアナルコ・キャピタリストのように政府の存在自体を否定しておらず、政府が市場での取引のための制度的整備を行うことや、（行政から分離した立法院における）立法によってノモスを修正・補完することをむしろ積極的に推奨しているし、再配分的性質を持たない限りで福祉政策も認めている。ロールズの格差原理さえも、財の最終的割り当ては含意しないという理論的留保付きで認めている。

　七〇年代後半以降に台頭してきたノージックやアナルコ・キャピタリストなどの狭義の「リバタリアン」に比べて、「市場と政府」の関係についてのハイエクの立場がやや穏健に見える背景として、両者の「反社会主義」の哲学的根拠が微妙に異なっているということがあるだろう。リバタリアンは主として、社会主義による計画・組織化が、①個人の自律性を奪う、②非効率的である、といった比較的シンプルな理由から「社会主義」的な発想を拒絶する。どちらに重きを置くかによって、計画・組織化の許容度が若干異なってくる。②に重点を置く場合、効率が良い計画・組織化が仮にあるとすれば、それを受け入れることもできるからである。

ハイエクの場合、①についても②についても微妙である。②に関しては、一定の成果が確実に上がることを見込んで、社会全体を再編するような計画を立てることをハイエクは厳しく批判する。それと同じ理由から、帰結主義的な道徳原理を提唱する功利主義一般に対しても――功利主義に分類される個々の理論家の立場が、社会主義と親和的か、資本主義と親和的であるかに関わらず――批判的である。神のごとく全体を細部に至るまで見渡し、将来を完全に見通したかのような計画を立てる理性の傲慢をハイエクは決して認めない。

しかし、全く帰結主義的・効率主義的な発想をしていないかというと、そういうわけでもない。進化の過程で生まれてきた「自生的秩序＝コスモス」の中で通用している諸ルールを守っていくことが、結果として社会全体の「一般的利益」になると確信しているからこそ、彼は設計主義からコスモスを守ろうとする。「コスモス」の全体としてのかなり長期的な視野で見た効率性は信じている、と言える。

この**「コスモスを通して考える」**というハイエク独自の発想は、①とも密接に関わっている。ハイエクは、「個人の自由」の保障の重要性を常に強調するが、それは各個人に、自らの生活を合理的に設計し、最も効率的に自分の目的追求する能力が備わっていると信じているからではない。ハイエクは、新古典派経済学などの暗黙の前提になっている「合理的経済人」観に対して極めて懐疑的であり、そのような前提に依拠するのは、「真の個人主義」ではないと主張する。**「合理的経済人」たちの合理的な選択の帰結として、市場での均衡が成立する、というような非現実的な仮定を、彼ははっきりと拒絶する。**この点では、師であり、社会主義計算論争を共に闘ったミーゼスとも一線を画している。

ハイエクは、たとえ各人が愚かで怠惰であり、自分が選択する行為がいかなる帰結をもたらすか理解していなくても、各人の目的追求を調和させるメカニズムとしての「コスモス」の存在を想定する。コスモスを構成する「正しい振る舞いのルール」を遵守することによって、必ずしも理性的でない個人が目的追求の自由を享受することができるのである。彼にとって、「個人の自由」の尊重は、個人の理性や自律性を信頼することと結び付いていないのである。

「個人主義／集団＝集産主義」の対立図式で、ハイエクは明らかに「個人主義」の側にコミットしているが、それは理性的個人を想定する、デカルト的な「個人主義」ではない。生の個人ではなく、**「コスモスの中で生きる（あまり強くない）個人」を想定する「個人主義」**である。

コミュニタリアンとの違い

「コスモスの中で生きる（あまり強くない）個人」というような言い方をすると、コミュニタリアンの「共同体の中に位置付けられた自己」の想定と似ているようにも聞こえるかもしれない。確かにハイエクの言う「正しい振る舞いのルール」や「コスモス」は、（何等かの共同体の）伝統や慣習を通して進化するものであるので、共同体的な伝統や慣習を重視するコミュニタリアンと似ている面もあることは否定できないが、両者の理論的前提にはかなりの隔たりがある。

コミュニタリアンは、各人は自らの属する共同体の中で伝統的に培われてきた「共通善」を——本人に自覚していると否とに関わらず——ある程度共有しており、「共通善」を軸に形成されている共同体的文脈とは無関係に、本人だけの善（≒幸福）を追求することはできない、と前提する。そのうえで、現代において共同体的・公共的な価値を復活させ、各人はそれにより積極的にコミットすべきだと説く(2)。

ハイエクはそうではない。第三章で見たように、彼の「コスモス—自由」論で主として念頭に置かれているのは、各人が部族的な目的・価値観を共有し、組織化された動きをすることのできる「小さな社会」ではなく、様々な目的に開かれた「大きな社会＝開かれた社会」の「コスモス」であって、そこでは、**各人が追求する目的の収束点としての「共通善」は必ずしも共有されていない**(3)**。**ハイエクは、「共通善」に対する各人のコミットメントを強く要請するような政治哲学に対して慎重に距離を置いており、その点でコミュニタリアンや共和主義者と一線を画している。

「正しい振る舞いのルール」及び「コスモス」との関連で、ハイエク独特の「法」理論が展開される——「コスモス—カタラクシー」における「法」の役割を重視するハイエクは少なくとも、単純な意味での「自由放任主義者」ではない。ハイエクは、英国や米国で発展した「法の支配」という理念の重要性を強調するが、その場合の「法」というのは、議会で制定（立法）される「法」というよりは、（立法によって修正・補完される）裁判官法としてのノモス、更に言えば、ノモスと密接に結び付き、かつその基盤になっている「正しい振る舞いのルール」である。

「正しい振る舞いのルール」と「法」の繋がりを重視するハイエクは、「立法」によってゼロから新しい法体系が構築されるかのような語り方をする社会契約論や、初期ラートブルフやケルゼンのような公法中心主義的な法実証主義を、設計主義の一種として批判する。その一方で、人間の普遍的理性に対応する「自然法」が存在しているかのような語り方をする近代の合理主義的自然法論も拒絶する。

ハイエクが「法の支配」を重視するのは、立法や裁判官法として形成された、狭義の「法」それ自体に、守るべき固有の価値があるからではない。**「法」が、「コスモス」の中で形成され、消極的で一般的・抽象的な性格を有する「正義」についての人びとの意見を反映する媒体であり、「コスモス」の重要な一角を担っているからである。**「憲法」といえども、「正義」についての人々の「意見」――その「意見」というのは、「一般意志」のように統一された形で存在するわけではない――によって、「立法」や「行政」を制約するための仕組みにすぎない。「憲法」自体が、正義や諸個人の権利の根拠を与えるわけではないのである。ハイエクは、「憲法」による諸個人の権利保護の重要性は認めるものの、憲法でリストアップされている「基本的権利」だけが個人の自由にとって特別な意味を持つかのように理解されてしまうことを警戒しており、「個人の自由」の保障における憲法自体の役割をかなり限定的に考えている。[4]「憲法」は、コスモス的な「正義」についての人々の意見を背景として初めてその役割を果たすことができるのである。

カント主義？　ヒューム主義？

こうしたハイエク流の「正義」観は、ハイエク研究者の間でしばしば話題になる、ハイエクは、カント主義者かヒューム主義者かをめぐる問題にも関わってくる(5)。この場合のカント主義というのは、簡単に言うと、人間の認識と行為を統制するアプリオリで普遍的な法則があることを前提にして、人間を理解しようとする考え方である。ヒューム主義というのは、人間の認識と行為を統制する法則は経験と慣習によって形成される、という考え方である。

本書を通して見てきたように、ハイエクは基本的には、慣習を通しての「ルール」形成というヒュームの考え方を、自らの「正しい振る舞いのルール↓コスモス」論の基礎付けのために積極的に活用している。そして、自然界もしくは道徳的世界を支配するアプリオリな法則を発見し、それに従おうとする普遍的理性が全ての人に備わっているというような形而上学的な仮定は採用しない。そうしたことを考えれば、ハイエクがカント主義者というよりはヒューム主義者であることは間違いないだろう。

ただし、ヒューム自身と違って、はっきりとルール進化論的な前提に立つハイエクは、慣習を通して形成された「正しい振る舞いのルール」が次第に一般的・抽象的な性格を強めていき、「大きな社会」に適したものになっていくと主張する。進化した「正しい振る舞いのルール」の一般性・

抽象性というのは、人々の異なった目的追求を両立可能にする開放性を含意しているので、異なった価値観を持つ人たちが、これらのルールを共に受け入れることが可能である。しかも、このルールの進化は、人間という動物の特性に――全面的に規定されるわけではないものの――根ざしているので、「正しい振る舞いのルール」は次第に、人類共通の普遍的ルールになっていく傾向がある。

そこまで考えると、**ハイエクの哲学上の立場は、次第にカント主義に近づいていくヒューム主義と言えるかもしれない**。あるいは、カント哲学においてアプリオリな前提とされているものが、文字通りの意味でアプリオリではなく、進化の過程で構成され、次第に通用性を拡大してきた**〝事後的なアプリオリ〟**であることを、ヒューム主義的な視点から明らかにする、ヒューム化されたカント主義だと言ってもよいだろう――「アプリオリなもの」や「普遍性」を、事後的に構築されたものとして捉え直すハイエクの視点は、ポスト構造主義に通じていると見ることもできる。

ヒューム主義／カント主義の問題は、更に深いレベルで、「精神」と「物体」の間の二元論をめぐる、近代哲学の古くて新しいテーマとも繋がっている。唯物論であるマルクス主義と激しく対立するハイエクは、精神中心主義者と見られがちだが、第二章で見たように、彼の感覚秩序論も進化論も、決して物質的因果法則から独立の「精神」のような実体を認めていない。その意味では、むしろ唯物論的である。しかし、ハイエク進化論の特徴である、①物理的秩序と心的秩序は異なる秩序であること、②人間の身体の物質的構造によって進化が全面的に規定されているわけではなく、集団ごとに形成される慣習や伝統によって微妙な違いが出てくること、③個人レベルでの欲求や目的は次第に多様化していく傾向にあること、などを考慮に入れると、唯物論であるとも言い難い。

第三章で述べたように、ハイエクの言うルールの進化は、精神と物質のいずれかの主導によるのではなく、二つのレベルが相関しながら同時進行的に進んでいく。そこから考えると、**ハイエクの哲学は、「精神」と「物質」のいずれか一方に軸を置くのではなく、人々が必ずしもその帰結や意味を自覚しないで行っている様々な「行為」を起点に、ルールの進化や社会秩序を考えるものである**、と特徴付けることができよう。ハイエクにあっては、ルールに即した行為の持続的な遂行によって、社会秩序が成り立っているのである。[6] 少し大げさな言い方をすると、ハイエクは唯物論と観念論を越えた、行為論的な認識論と正義論を、ポスト構造主義系の現代思想とは異なる文脈で、独自に開拓したと言えよう。

精神と物質のいずれか一方に全面的に還元できない「行為」という側面から人間を把握しようとするハイエクの基本的スタンスは、自然的秩序でも、人為的に組織された秩序でもない、第三の領域、すなわち、人々の諸行為の意図せざる帰結から自生的に立ちあがって来る秩序としての「コスモス」に対する注目と表裏一体の関係にある。「コスモス」を維持しているのは、自然の法則それ自体でも、合理的計画を立てる理性でもなく、ルールに従った人びとの諸行為の連鎖なのである。

現代社会への示唆――① 「格差社会」への対応

様々な二項対立図式から微妙に外れるハイエク的な思考は、現代社会に生きる私たちにどのような指針、示唆を与えてくれるのだろうか？　社会主義的左派の退潮が決定的になっている今日でも、反社会主義の闘士として知られるハイエクの著作を読み返すべき積極的な価値あるのか？　そういう思想のセールスポイントのようなことは、基本的には各読者に自分で考えてもらうというのが、思想史家としての私のスタンスだが、本書の解説がやや抽象的すぎたきらいがあるので、三点ほど簡単に挙げておこう。

第一は、言わずもがなではあるが、いわゆる「格差社会」問題に対する示唆である。「ハイエク＝新自由主義の教祖」と見なす、通俗的な見方からすれば、「市場原理主義のハイエクは、格差是正に反対するはず」ということになりそうだが、既に確認したように、ハイエクは、政府がカタラクシーの秩序を守るための法整備に従事することや、再配分的性格を持たない福祉政策を行うことの必要性は認めているし、ロールズ的な格差原理込みの相互協力の枠組み作りさえも一概に否定していない。

ハイエクが断固として反対するのは、**各人が享受できる財やサービスの最終的配分状態を――「社会的正義」の名の下に――予め規定し、それを最終にして至高の目的として、社会全体を組織（タクシス）化し、各人の生き方や目的をそれに順応させるような設計主義的なプロジェクトである。**ごく少数のテクノクラートや政治家の描いた設計図〝のみ〟に基づいて――あたかも、ゼロから「社会」を再編できるかのように――組織化のプロジェクトを断行しようとすれば、「小さな社会」の道徳（を中途半端に再現したもの）を無理に「大きな社会」に当てはめることになり、「カタラクシー」が破壊されてしまう。

「カタラクシー」としての「市場」は、最も効率的な資源配分、あるいは利潤の総和の最大化を自動的に実現するメカニズムのようなものではない。また、単なる競争の場でもない。異なった目的を追求する人々が、無理に互いの生き方を変えることなく、お互いの財やサービスを交換することを通して協働するための様々の「正しい振る舞いのルール」によって支えられる自生的秩序＝コスモスである。長い進化の過程で取捨選択されてきた「正しい振る舞いのルール」には、人々が無自覚的に従っているものも多く、複雑に絡まりあっており、経済学の理論モデルによって完全に再現することはできない。

ハイエクが、徹底して社会主義を標的にするのは、社会主義が、標準的な人間像のようなものを想定し、それに基づく人々の行動の帰結の総体を完全にシミュレーションし、「カタラクシー」と同等あるいはそれ以上に効率的な「エコノミー」を実現できる、という思い込みの最も典型的な例だからである。それと同種の知的傲慢に陥っている（ように見える）理論や思想であれば、反社会主義という意味で〝味方〟であっても、ハイエクは容赦なく批判の俎上に載せる。不確実性を認めず、神のごとく全てを見通せるかのような前提に立つ理論や思想は、設計主義的な社会主義と共犯関係にある。[7]

「格差」の存在それ自体は、ハイエクにとって、正義／不正義の問題ではない。彼は、「格差」それ自体を悪だと考えないはずだが、それと同じ理由から、「競争を促進するためには、格差が開いていた方が望ましい」とも言わないのではないかと推測できる――ハイエクは、市場に参加する各人のモチベーションとか心構えについての一般論のような話はしない。

ハイエクが問題にするとすれば、**格差が生じるに至るまでのプロセスにおける公正さ**、及び、**それが「カタラクシー」に及ぼす影響**であろう。政府あるいはそれに相当するような強い権力を持った組織が、経済を全面的に管理し、財の配分を均等化するような提案には全面的に反対するが、ルールにおける不公正を是正するための論議や、協力を促進するためのロールズ的な提案であれば、むしろ歓迎することだろう。コスモスにおける「（消極的で一般的・抽象的）正義」をめぐる議論が活性化し、それが現行のノモスに反映されるようになるのは、ハイエクにとって好ましいことのはずである。

ハイエク的な視点から拘るべきは、両者の区別が曖昧になってしまい、ルールを改善するための議論が、いつのまにか、そこに至るまでのプロセスと関係なく、とにかく「結果の平等」を保障しようとする議論へとズレてしまうことである。現代日本における「格差社会」論議では、その区別が曖昧になりがちである。所得格差に限らず、教育格差、地域格差、情報格差、恋愛格差（？）……など、日本における格差関係の言説は、区別が曖昧になる傾向がある。「格差是正」という言葉によって自分が何を求めているのかもよく分からないまま、「人と人の間の格差を認めることは非人間的だ！」、などという調子で直接的に人情に訴えるのではなく、ハイエクの言う意味での「正義」の問題についてよく考える必要があるだろう――コモン・ローや法の支配の文脈で語られる法的な「正義」と、政治哲学的な「正義」論が相互に影響し合いながら発展してきた伝統のある英米と違って、日本では、抽象的・一般的かつ消極的な「正義」について語るのが難しいかもしれないが。

② 民主主義へのアプローチ

第二点は、それと密接に関係する民主主義論への示唆である。二〇一〇年秋から民主党政権が「熟議の国家」という言葉を使い始めた影響で、それまでごく一部の政治哲学者の間でしか注目されていなかった**「熟議的民主主義** deliberative democracy**」**論に注目が集まるようになった。しかし、政治哲学上の「熟議」の意味するところは、一般的にはあまり正確には理解されておらず、単に「時間をかけて話し合うこと」としか受け取られていないふしがある。それよりも少しましなものとして、「少数派の意見をよく聴きながら、議論を進めること」、という理解もあるが、それだけであれば、フランス革命以来ずっと言われ続けてきたことの再確認にすぎない。

ロールズや、ドイツの社会哲学者ハーバマス（一九二九‐　）を中心に展開している、専門的な意味での「熟議的民主主義」論[8]で焦点が当てられているのは、**討議のプロセスにおける**（「公共的理性 public reason」に訴えかける）**「公共的理由** public reason**」の呈示**である。つまり、だらだらと長く時間をかけて議論して、妥協できるような雰囲気、人間関係を作り出すこと――それだけだと、「熟議」でなくて、談合である――が問題なのではなく、お互いに自分たちの提案こそが、その政治的共同体の「共通善」——この場合の「共通善」は必ずしも文化的・歴史的に形成される「善」ではない——に適うものであることを、その政治共同体を構成する公衆の前に示すことが重要なのである。無論、現実には、「共通善」がどのような政策を要求するかが常に一義的に明らかであるわけではなく、解釈の余地が大きいことの方が多いだろう。しかし、それは「熟議」の重要性を否定する根拠にはならない。「公共的理由」に基づく討論が行われることで、「共通善」について各人が抱いているイメージが次第に明らかになり、「公共的理性」がより広く共有される可能性が生じてくる、というフィードバック効果も期待できるからこそ、「熟議」が重要である、と主張することもできる。

［共通善—公共的理性—公共的理由］という規範的軸に沿って、開かれた討論が行われれば、単なる党派的利益の摺合せという次元を越えた政治が可能になる、と考えられる。予め定められた手順に従いながら、公共的理由に基礎付けられた意見交換が行われれば、討議の後の採決で自分たちの意見を通すことのできなかった側も、理屈抜きで押し切られるわけではないので、結論を受け入れやすくなる。また、少数派の示した理由が、「共通善」をめぐる、より掘り下げた討論を活性化する可能性がある。更に言えば、その政治的共同体を取り巻く社会・経済・歴史的状況が変化するのに伴って、「共通善」についての公衆の見解（＝公共的理性）も変わり、多数派／少数派が逆転する可能性もないわけではない。

既に見たようにハイエクは、「社会的正義」批判との関連で、現実の民主主義の利益配分的性格をも問題にし、それに代わるものとして、「ディマーキー」もしくは「イソノミア」の理念を提起している。それは、人民の（多数派の）意志によって何でも決定できるとする、無制約的な人民主権論を否定したうえで、**「ルール」と「正義」によって民主主義的統治を制約しようという考え方**であり、規範論的性格の強い「熟議的民主主義」論とも通じている。

通常の「熟議的民主主義」論では、公共的理由の最終的な拠り所となるべき「共通善」の中身についてあまり立ち入った議論は行われず、もっぱら「公共的理由」を介しての探究の過程に焦点が当てられる。「熟議的民主主義」論者のほとんどが、ロールズやハーバマスがそうであるように、基本的に、価値中立性を重んじる標準的な自由主義者であるので、「共通善」の中身を理論的に特定してしまうことを避けているのかもしれない。

ハイエクは、「共通善」について直接的に語ることはないものの、これまで述べてきたように、ルール進化論の視点から、政府を拘束する「（消極的）正義」と「（消極的）ルール」を明示したうえで、それを現実の民主主義的統治に適用することが可能だと主張する。「立法院」と「行政院」を分離させる構想は、「立法」を、コスモスを支える「正しい振る舞いのルール」の体系の中に位置付けると共に、利益配分をめぐる〝交渉〟を、立法から分離するための提案であった。利益配分の問題を狭義の立法から切り離すことで、「正しい振る舞いのルール」について、代表たちがより公平＝非党派的な視点から議論できるようにしようとしたわけである。

ハイエクが呈示する「正義」や「ルール」が極めて消極的な性質のものであることや、再配分の問題を狭義の「立法」から排除することに異論のある人は少なくないだろう。現行の議会制度を、「立法院」と「行政院」の二本立てにするという提案は、非現実的であるように見える。しかし、「ディマーキー」あるいは「イソノミア」をめぐる彼の問題提起は、**民主主義的討論に制約を課すべき「正義」や「ルール」について掘り下げて考えるうえで、重要なヒントを与えてくれる**ように思われる——日本では、憲法改正をめぐる憲法（哲）学上の専門的な議論を除いて、民主主義を制約する基本的な「ルール」について本格的に議論する必要性自体が認識されにくい傾向がある。この問題は、個人の自由を尊重する自由主義と、集団的自己統治の仕組みとしての民主主義をいかに原理的に両立させるか、という近代政治思想史上の最大の課題と繋がっている。

③ インターネットとハイエクの知識論

第三点として、インターネットの発展とその社会的影響を、ハイエクの視点から考察するということがあるだろう。インターネットというコンピューターや携帯の端末を介した巨大な情報ネットワークが、単一の企業体あるいは政府によって計画的・組織的に構築されたのではなく、様々な企業や個人のイニシアティヴを集積する形で自生的に形成され、その中で知識の自由な交換・蓄積が成されているという事態は、**市場での知の分散・共有化のメカニズムや自生的秩序に関するハイエクの議論にうまく対応している**ように見える。そのことを指摘する研究者もいる。[9]

インターネットを介して、異なった目的を追求する人々が（自分自身では必ずしも完全に把握できていない）知識を共有し、相互に利益を得ることのできる仕組みが出来上がりつつあることは、ハイエクの言う、コスモス＝自生的秩序の好例であると言っていいだろう。インターネットを利用し、そこでの情報交換に参加している私たちのほとんどは、少なくとも今のところ、特定の大きな目的を共有したり、ライフスタイルを根本的に変えるよう――少なくとも、ハイエクの言う意味で――「強制」されているわけではない。ネットは、目的自由な協力の空間を拡大しているように見える。ネットが私たちの生活に浸透していることによって、私たちは自分でも気付かない内にネット社会に同調するよう内面的圧力を受けているという、ポストモダン左派的に捻った見方をすることはできるが、ハイエクは、そうした〝心の内〟での自由／強制を問題にする議論に意味があるとは思っていなかったので、そうした批判をぶつけたとしても意に介さないことだろう。

ただし、それはあくまでカタラクシー（＝交換の場としての市場秩序）という側面から見ての話であって、ネットと政治や法との関係になると、少し様相は異なってくるだろう。政治とネットと言うと、最近では、ネットに現れてくる人々の潜在的な欲求を自動的に解析し、議会での討論を省いて直接的に政策を決定し実行するという、サイバーデモクラシーの高度化した形態としての**「民主主義2・0」**が、哲学者の東浩紀（一九七一―　）等によって提案されている[10]。

また、法との関係では、個人の禁止されている行為をしないよう個人の意志に働きかけ、違反したものを事後的に処罰する、通常の意味での「法」の代わりに、違反行為をすることを最初から不可能にしてしまう環境を機械的に構築してしまう**「アーキテクチャ」**と呼ばれる手法が、法哲学者や社会学者の間で検討されており、部分的には既に実現されている。[11] 例えば、公共の場で勝手に携帯を使えないように妨害電波を出すとか、映像作品の違法ダウンロードをできなくする仕組み等がそれに当たる。社会全体に「アーキテクチャ」を張り巡らして運用する際には、インターネットが中心的な役割を果たすことになろう。

ハイエクは「民主主義2・0」や「アーキテクチャ」に対して何と言うだろうか？　私見では、「正しい振る舞いのルール」や「正義」との関係で慎重論を述べるのではないかと思われる。

先ず民主主義について言うと、ハイエクは、既に見たように、法以前の「正義」の存在を否定するハードコアの法実証主義には反対するが、その逆に「社会的正義」を立法府が一義的に規定して、社会全体を合理的に組織化することにも反対する。インターネットを単に投票のためのツールとして用いるに留まらず、検索行動などの人々の無意識的な欲望を読み取って政策を実行するプログラムのようなものを作るとなると、**プログラムによって〝有権者〟の大半が知らない内に、〝みんなの意志〟が自動的に創出されてしまう**ことになる。

それは、進化の過程で生じてきた「正しい振る舞いのルール」をことごとく無視して、強引に富の再配分を実行するかもしれない。「ディマーキー」をプログラムに組み込むという手も考えられるが、誰がそのプログラムを組むのかという問題がある。プログラム作成者＝設計者の価値観を反映した形で、サイバー共同体の意志を算定し、実行し続ける超設計主義的な仕組みになってしまう恐れがある。インターネットの技術が更に飛躍的に発展し、最初の設計者の意図に左右されないで、みんなの正義感覚を反映しながら、自生的に変化するプログラムが出来上がれば話は別かもしれないが、現時点では、「民主主義2・0」に無条件に賛成するのは時期尚早だろう。

アーキテクチャについても基本的に同じことである。というより、アーキテクチャは、**個人の**判断で、場面ごとに「正しい振る舞いのルール」をどのように適用するかという選択の余地を奪ってしまったら、「ルール」の更なる進化が期待できなくなり、アーキテクチャ設計者の思い通りに、**「振る舞い」に、ルール以前の制約を課してしまう**ので、尚更問題であろう。各個人から、自らの「正しさ」が規定される世界、映画『マトリックス』のような世界が出来あがってしまうかもしれない。場面ごとの「ルール」の適用に関する判断を各人に委ねながら、公共的に防衛すべきものだけ自動的に防衛できるような、極めて高度に自生的なアーキテクチャが開発されるまでは、安易にアーキテクチャを導入すべきでない。ハイエクはそう言いそうな気がする。

“あまり強くない人間”の自由

最後に、私から見たハイエク流の自由主義の特徴を要約しておこう。ハイエクを支持する人も批判する人も、彼の思想のキーワードとして、「自生的秩序＝コスモス」を挙げる。それで間違いないのだが、「自生的秩序」を、「市場」に対する政府などの介入を拒絶するための単なるスローガンのようなものとして見てしまうと、ハイエクと、狭義のリバタリアンや、新古典派的な前提に立つ経済学者たちとの思想的な違いがはっきりしなくなる。

ハイエクの言う自生的秩序は、市場が外部からの介入がなくても――あるいは、介入がない方が――うまく機能することを強調するための、単なるレトリックではない（と少なくともハイエク自身は考えているはずだし、私もそう思う）。長い年月をかけて進行してきた「ルール」進化の帰結として生まれてきた秩序である。言い換えれば、伝統や慣習の中で、うまく機能するものであることが実証されたルールから成る秩序である。この種類の秩序、特にカタラクシーに属する各種の「正義」や「ルール」に依拠しながら行動することによって、異なる目的を追求する人たちが、互恵的な関係を築き、自分だけでは達成できない利益を得ることが可能になる。

社会哲学者としてのハイエクの一貫した課題は、**〝必ずしも合理的ではなく、自分自身を常に制御することができるわけでない個人〟、〝あまり強くない個人〟が自由に生きることを可能にする「大きな社会」のメカニズムを明らかにし、それを守っていくことであった**と言える。

異なった目的を追求する人たちが生きる「大きな社会」では、どのような「ルール」、どのような「正義」観が、最も有用であるのか客観的に予測することはできない。初期条件をごく簡単に設定し、人々が選好する目的のレパートリーを極めて限定すれば、計算は可能になるかもしれないが、そうしたモデルは「大きな社会」の現実からかけ離れてしまう。そうしたモデルを無理に現実化しようとすれば、既に出来上がっている自生的秩序を根底から崩してしまう恐れがある。

だからハイエクは、最適な状態を計画的に実現できると想定する、各種の設計主義的な社会理論と闘い続けた。それと同時に、「大きな社会」の「進化」を可能にしてきた「ルール」や「正義」

の特性を、理論心理学的かつ思想史的に探究した。その意味で、ハイエクにとって思想史は、単なる懐古趣味でも、自分自身の理論を歴史的に正当化するための方便でもない。**「進化し続ける自由の条件」の解釈学的探究なのである。**彼がしばしばギリシア語を利用して新しい言葉を作ったり、「法の支配」などの基本概念を通常と異なる意味で使うのは、そこに、「ルール（法）」と「交換（市場）」と「個人の自由」の相関関係について考えるヒントがあるからである。

〝必ずしも強くない個人〟を前提にするハイエクの思想史的な自由論は、人間に対する信頼感や希望を直接的に与えてくれるものではない。あまり元気にしてくれない。社会を一気に改造して〝不正〟をなくそうと意気込む設計主義的な社会理論や、〝社会的正義〟や〝普遍的人権〟のための崇高な闘いへと呼びかける政治思想、あるいは、人間の潜在的合理性を前提とする経済学等に比べて、〝消極的〟な感じがするのは否めない。最強の反社会主義の闘士としてのハイエクに、プラスあるいはマイナスの期待を抱いて彼の著作を読み始める読者は、『自由の条件』や『法と立法と自由』にがっかりするだろうし、『感覚秩序』で彼が何を言いたい人なのか分からなくなるだろう。

ただ、ハイエクのあまり元気にしてくれない自由論は、その裏返しとして、〝必ずしも強くない個人〟たちが、協働で「大きな社会」を作り、（それなりに）自由に生きることがどうして可能なのか再考するきっかけを与えてくれる。そして、「進化」の過程を度外視して、（自分の頭の中で考え出した、あるいはごく限られた経験から推測した）〝万人にとっての理想〟を掲げ、実現しようとする主張の傲慢さを教えてくれる。

注

序論

（1）ハイエク研究者としても知られる英国の政治哲学者ジョン・グレイは、ハイエクは、イギリス経験論のロックよりも、むしろカント的懐疑主義の伝統を受け継いでいると強調している。しかし、これは主としてハイエクの正義論がロック的な人権論に依拠していないということと、認識論の上で純粋に経験論な立場を取っていないことを根拠とするグレイ独自の解釈である。ハイエクは少なくとも、カントの道徳哲学の主著である『実践理性批判』に直接依拠する形で自らの正義論を展開しているわけではない。John Gray, *Hayek on Liberty*. Second Edition, Basil Blackwell, 1986, pp.4 ff.〔照屋佳男・古賀勝次郎訳『ハイエクの自由論　増補版』行人社、一九八九年、一七頁以下〕を参照。

（2）オーストリア学派の全体像については、以下を参照。八木紀一郎『オーストリア経済思想史研究――中欧帝国と経済学者』（名古屋大学出版会、一九八八年）、尾近裕幸・橋本努編『オーストリア学派の経済学――体系的序説』（日本経済評論社、二〇〇三年）。

（3）F. A. Hayek, *Hayek on Hayek: An Autobiographical Dialogue*, ed. by Stephen Kresge and Leif Wenar, University of Chicago Press, 1994, p.140〔嶋津格訳『ハイエク、ハイエクを語る』名古屋大学出版会、二〇〇〇年、一七九頁〕を参照。

（4）ロールズやノージックなどの主張の具体的な中身については、拙著『集中講義！アメリカ現代思想』（ＮＨＫブックス、二〇〇九年）で概略的に紹介した。

（5）ドイツの解釈学の流れについては、麻生建『解釈学』（世界書院、一九八五年）を参照。

（6）アーレントの思想の特徴については、拙著『今こそアーレントを読み直す』（講談社現代新書、二〇〇九年）で論じた。

（7）バーリンの哲学・思想史の全体像については、濱真一郎『バーリンの自由論』（勁草書房、二〇〇八年）、上森亮『アイザイア・バーリン――多元主義の政治哲学』（春秋社、二〇一〇年）等を参照。

（8）ハイエクとポパーの関係については、渡辺幹雄『ハイエクと現代リベラリズム――「アンチ合理主義リベラリズム」の諸相』（春秋社、二〇〇六年）の第二章参照。

（9）F. A. Hayek, *The Counter-Revolution of Science: Studies on the abuse of reason*, Glencoe (The Free Press), 1952, p.191〔佐藤茂行訳『科学による反革命』木鐸社、一九七九年、三二八頁〕.

第1章

（1）ハイエクは一九三五年に、〈collectivism〉の問題をめぐる論文集（*Collectivist Economic Planning*, Routledge & Kegan Press, 1935〔迫間眞治郎訳『集産主義計畫經濟の理論』実業之日本社、一九五〇年〕）を編者として刊行している。ただし、〈collectivism〉を、「集産主義」の意味で使うこと自体は、ハイエクのオリジナルではない。例えば、この論文集にその英訳が収められているイタリアの数理経済学者エンリコ・バローネの論文のオリジナル（「集産主義国家における生産省 Ministro della Produzione nello Stato Collettivista」）は、既に一九〇八年に執筆されている。

（2）狭義の意味でのファシズムは、ムッソリーニによるイタリアの支配体制のことであるが、広い意味では、ナチス・ドイツや、スペインのフランコ体制など、ナショナリズム・民族主義型（「右」）の全体主義全般を指す。ハイエク自身は、広い意味で「ファシズム」という言葉を使っている。

（3）マルクス＝レーニン主義者によるファシズム観の代表的なものとして、コミンテルンの書記長だったゲオルギー・ディミトロフの議論を挙げることができる。ディミトロフ選集編集委員会編訳『ディミトロフ選集　第二巻』（大月書店、一九七二年）参照。

（4）ハイエクが、『隷属への道』を書いた背景として、ファシズムを崩壊しつつある資本主義の残滓と見る、LSEの学長ベヴァリッジ（一八七九―一九六三）との間の見解の対立があった。ベヴァリッジは、英国の福祉制度の基本計画として知られるベヴァリッジ報告を策定した福祉経済学者である。この経緯については、F. A. Hayek, *Hayek on Hayek*, p.102〔『ハイエク、ハイエクを語る』、一一三頁〕を参照。

（5）F. A. Hayek, *The Road to Serfdom*, Routledge, 2001, p,21〔西山千明訳『隷属への道』ハイエク全集I▼別巻、春秋社、二〇〇八年、一九頁〕を参照。

（6）*Ibid.*〔同右、二〇頁〕.

（7）一八七〇年の少し後に、オーストリア学派のメンガー、ローザンヌ学派のワルラス、英国の経済学者ジェヴォンズの三人によって、それぞれ独立に限界効用価値説が定式化されており、その意味で、「一八七〇年」は「限界効用革命」、更に言えば、「新古典派革命」と結び付けることもできる。

（8）F. A. Hayek, *The Constitution of Liberty*, Routledge, 2006, pp.142ff.〔気賀健三・古賀勝次郎訳『自由の条件II』ハイエク全集I▼6、春秋社、二〇〇七年、四三頁以下〕を参照。

（9）論文「フランシス・ベーコン」（一九六〇）でハイエクは、科学主義の創始者であるベーコンと対置する形で、そのライバルであったコークが英国の政治的伝統の形成に大きな影響を及ぼしたことを強調している。F. A. Hayek, 'Francis Bacon: Progenitor of Scientism', in *The Trend of Economic Thinking: Essays on Political Economists and*

Economic History, ed. by W.W.Bartley III and Stephen Kresge, Routledge, 1991, pp.75–78〔「フランシス・ベーコン――科学主義の創始者」、八木紀一郎・中山智香子・太子堂正称・吉野裕介訳『思想史論集』ハイエク全集II▼7、春秋社、二〇〇九年、四一-四五頁〕

(10) F. A. Hayek, 'Liberalism', in *New Studies in philosophy, politics, economics and the history of ideas*, Routledge & K.Paul, 1978, pp.129–130〔「自由主義」、山中優監訳・田総恵子訳『政治学論集』ハイエク全集II▼5、春秋社、二〇〇九年、一三一頁〕を参照。

(11) *Ibid.*, p.130〔同右〕を参照。

(12) *The Road to Serfdom*, pp.21–22〔『隷属への道』、二〇頁以下〕.

(13) *Ibid.*, pp.171–185〔同右、二二一-二四三頁〕.

(14) *Ibid.*, p.59〔同右、七〇頁〕.

(15) 「厚生経済学」の概要については、熊谷尚夫『厚生経済学』(創文社、一九七八年) などを参照。創始者であるピグーの理論については、山田雄三『ピグー『厚生經濟學』』(春秋社、一九四八年) を参照。

(16) *The Road to Serfdom*, p.61〔『隷属への道』、七二頁、一部改訳〕.

(17) F. A. Hayek, 'The Primacy of the Abstract', in *New Studies in philosophy, politics*, economics and the history of ideas, pp.35–49〔「抽象的なるものの先行性」、嶋津格監訳『哲学論集』ハイエク全集II▼4、春秋社、二〇一〇年、一五五-一七六頁〕を参照。また、ハイエク理論全体の中での「ルールの抽象性」の位置付けに関しては、以下を参照。森田雅憲『ハイエクの社会理論――自生的秩序の構造』日本経済評論社、二〇〇九年、一五九-一六九頁。

(18) *The Road to Serfdom*, p.72〔『隷属への道』、八五頁以下〕.

(19) *Ibid.*, p.188〔同右、二四八頁以下〕.

(20) ハイエクは自伝的著作の中で、ＬＳＥの同僚たちの内、ラスキと、学長であるベヴァリッジについて、かなりネガティヴな描写をしている。『隷属への道』で批判的に言及されているマンハイムも同僚の一人だった。F. A. Hayek, *Hayek on Hayek*, pp.81 ff.〔『ハイエク、ハイエクを語る』、七四頁以下〕を参照。

（21） E. H. Carr, *The Twenty Years' Crisis, 1919–39: An Introduction to the Study of International Relations*, Harper Torchbooks, 1964, pp.43 ff.〔井上茂訳『危機の二十年　1919–1939』岩波文庫、一九九六年、九四頁以下〕を参照。

（22） *Ibid.*, p.65〔同右、一三二頁以下〕を参照。

（23） *Ibid.*, pp.114ff.〔同右、二一六頁以下〕及び ibid., pp.132ff.〔同右、二四二頁以下〕を参照。

（24） *The Road to Serfdom*, p.192〔『隷属への道』、二五七頁〕を参照。

（25） *Ibid.*, p.194〔同右、二五七頁以下〕. カーからの引用は、『平和の条件』の第九章からのものである。ここでは主として、第二次大戦後の新しいヨーロッパの秩序について語られている。E. H .Carr, *Conditions of Peace*, The Macmillan Company, 1943, p.237〔高橋甫訳『平和の条件——安全保障問題の理論と実際』建民社、一九五四年、二九二頁〕を参照。

（26） *The Road to Serfdom*, pp.204ff.〔『隷属への道』、二七一頁以下〕を参照。

（27） *Ibid.*, p.206〔同右、二七三頁〕を参照。

（28） *Ibid.*, pp.47ff.〔同右、五四頁以下〕.

（29） *Ibid.*, pp.50ff.〔同右、五八頁以下〕及び　*Ibid.*, pp.52ff.〔同右、六一頁以下〕.

（30） 社会主義経済計算論争に際してハイエクが発表した三本の論文は、論集『個人主義と経済秩序』（一九四八）に収められている。F. A. Hayek, *Individualism and Economic Order*, The University of Chicago Press, 1980, pp.119–208〔嘉治元郎・嘉治佐代訳『個人主義と経済秩序』ハイエク全集I▼3、春秋社、二〇〇八年、一六七–二八二頁〕を参照。

（31） F. A. Hayek, *The Road to Serfdom*, pp.55ff.〔『隷属への道』、六四頁以下〕.

（32） F. A. Hayek, *The Counter-Revolution of Science*, pp.53〔『科学による反革命』、六九頁以下〕を参照。
（33） *Ibid*., pp.87ff〔同右、一二二頁以下〕を参照。
（34） *Ibid*., p.94〔同右、一三三頁〕.
（35） *Ibid*., p.158〔同右、二五六頁以下〕を参照。
（36） *Ibid*., pp.160ff〔同右、二六〇頁以下〕を参照。
（37） *Ibid*., p.179〔同右、三〇一頁、一部改訳〕.
（38） *Ibid*., p.180〔同右、三〇二頁〕を参照。
（39） F. A. Hayek, 'The Errors of Constructivism', in *New Studies in philosophy, politics, economics and the history of ideas*, p.3〔「設計主義の誤り」『哲学論集』、二五頁〕.

第2章

（1） F. A. Hayek, *The Road to Serfdom*, p.14〔『隷属への道』、九頁〕を参照。
（2） F. A. Hayek, 'Individualism: True and False', in *Individualism and Economic Order*, University of Chicago Press, 1980, p.6〔「真の個人主義と偽りの個人主義」『個人主義と経済秩序』、一〇頁〕.
（3） 経済学における「方法論的個人主義」の諸類型とハイエクの関係については、前掲の森田雅憲『ハイエクの社会理論』の第二章「ハイエクと個人主義」（五一－一〇一頁）を参照。特に、「真の個人主義と偽りの個人主義」との関係については、七四-七六頁参照。
（4） F. A. Hayek, *Individualism and Economic Order*, pp.6–8〔『個人主義と経済秩序』、一〇頁、一部改訳〕. ハイエクのファーガソンからの引用は、『市民社会史』（一七六七）の第三章第二節からのものである。ここでは「政治的諸制度」の歴史について論じられている。 A. Ferguson, *An Essay on the History of Civil Society*, printed for A. Millar & T.

Caddell in the Strand (London) and A. Kincaid & J. Bell (Edinburgh), 1767, p.187〔大道安次郎訳『市民社会史　上巻』白日書院、一九四八年、二三八頁〕を参照。

（5）　こうしたハイエクの自生的制度重視の背景には、オーストリア学派の創始者であるメンガーの影響があるとされている。萬田悦生『文明社会の政治原理　F・A・ハイエクの政治思想』慶應義塾大学出版会、二〇〇八年、二三―二七頁参照。メンガーの方法論的な著作『社会科学、特に政治経済学の方法に関する研究』（一八八三）の第三篇第二章のタイトルは、「決して合意または実定的立法の産物ではなく、歴史的発展の無反省的な結果であるあの社会現象の理論的理解について」であり、メンガーの問題意識が、ファーガソン―ハイエク的なそれに通じていることが伺える。C. Menger, *Gesammelte Werke* II = *Untersuchungen über die Methode der Sozialwissenschaften und der Politischen Ökonomie insbesondere*, 2. Aufl., hrsg. v. F. A. Hayek, J.C.B.Mohr (Paul Siebeck), pp.153ff〔福井孝治・吉田昇三訳『経済学の方法に関する研究』岩波書店、一八五頁〕を参照。

（6）　ファーガソンの思想の特色については、以下を参照。青木裕子『アダム・ファーガスンの国家と市民社会――共和主義・愛国心・保守主義』勁草書房、二〇一〇年。

（7）　R. Descartes, *Discours de la Méthode*, in, Œuvres et Lettres, *Éditions Gallimard*,1953, p.133〔谷川多佳子訳『方法序説』岩波文庫、一九九七年、二二頁〕.

（8）　F. A. Hayek, *Individualism and Economic Order*, p.8〔『個人主義と経済秩序』、一二頁〕.

（9）　*Ibid*., p.10〔同右、一三頁〕を参照。私見では、ルソーの一般意志論は、ハイエクの言うように「社会を（実体的に）設計する」という性質のものではない。これについては、拙著『今こそルソーを読み直す』（ＮＨＫ出版、二〇一〇年）を参照。

（10）　F. A. Hayek, *Individualism and Economic Order*, p.11〔『個人主義と経済秩序』、一四頁〕を参照。

（11）　*Ibid*., pp.29–30〔同右、三五―三六頁〕を参照。

（12）一般的な自由主義の思想史では、「公／私」二分法を定式化したのは、『自由論』におけるミルの議論とされているが、ハイエクは意図的にミルを外して、トクヴィルとアクトン卿の功績を強調しているのではないかと思われる。

（13）F. A. Hayek, *Individualism and Economic Order*, pp.30–31〔『個人主義と経済秩序』、三六–三七頁〕.

（14）Norman P. Barry, *Hayek's Social and Economic Philosophy*, The Macmillan Press LTD, 1979, pp.57ff.〔矢島鈞次訳『ハイエクの社会・経済哲学』春秋社、一九八四年、七六頁以下〕を参照。

（15）Isaiah Berlin, 'Two Concepts of Liberty', in *Four Essays on Liberty*, Oxford University Press, 1969, pp.130ff.〔「二つの自由概念」、生松敬三・小川晃一・小池銈訳『自由論2』、三一六頁以下〕を参照。「自由」を意味する英語には〈liberty〉と〈freedom〉の二つがあり、アーレントは両者を明確に定義し使い分けているが（拙著『今こそアーレントを読み直す』、一二二頁以下参照）、バーリンとハイエクは両者を同義のものとして扱っている。

（16）F. A. Hayek, *The Constitution of Liberty*, p.12〔気賀健三・古賀勝次郎訳『自由の条件Ⅰ』ハイエク全集Ⅰ▼5、春秋社、二〇〇七年、二三頁〕を参照。

（17）*Ibid.*, pp.11–12〔同右、二二頁〕を参照。

（18）*Ibid.*, p.49〔同右、八〇頁〕を参照。

（18）William Paley, *The Principles of Moral and Political Philosophy, with Questions for the Examination of Students*, Harper & Brothers, Publishers, 1867, pp.219ff.

（19）*Ibid.*, pp.235ff.

（20）F.A. Hayek, *The Constitution of Liberty*, pp.151–152〔『自由の条件Ⅱ』、五九頁以下〕を参照。

（21）*Ibid.*, p.51〔『自由の条件Ⅰ』、八二頁〕を参照。ルソーとフランス革命に対するタルモンの見解については、J. L. Talmon, *The Origins of Totalitarian Democracy*, Secker & Warburg, 1952〔市川泰次郎訳『フランス革命と左翼全体

主義の源流』拓殖大学海外事情研究所、一九六四年〕を参照。

(22) これについては、拙著『今こそアーレントを読み直す』の第三章「人間はいかにして『自由』になるか?」を参照。

(23) F. A. Hayek, *The Constitution of Liberty*, pp.143ff.〔『自由の条件II』、四六頁以下〕を参照。

(24) H. Arendt, *On Revolution*, Penguin Books, 1990, pp30–31〔志水速雄訳『革命について』筑摩書房、一九九五年、四〇頁以下〕.

(25) ハリントンの思想の概要については、以下を参照。浅沼和典『近代共和主義の源流――ジェイムズ・ハリントンの生涯と思想』人間の科学社、二〇〇一年。

(26) F. A. Hayek, *The Constitution of Liberty*, pp.52–53〔『自由の条件I』、八四頁以下〕を参照。

(27) ホッブズ、コーク、ヘイルの三者の法思想、及び相関関係については、以下を参照。戒能通弘「近代英米法思想の展開（一）クック、ホッブズ、ヘイル」『同志社法学』六一巻一号（二〇〇九年）、五五–一二六頁。

(28) F. A. Hayek, *The Constitution of Liberty*, pp.148ff.〔『自由の条件II』、五四頁以下〕を参照。

(29) J. Locke, *Two Treatises of Government*, Everyman's Library, 1975, p.182〔加藤節訳『完訳　統治二論』岩波書店、二〇一〇年、四四六頁以下〕.

(30) ブラックストーンの法思想については、以下を参照。戒能通弘「近代英米法思想の展開（二）ブラックストーン、マンスフィールド、ベンサム」『同志社法学』六一巻七号（二〇一〇年）、三四–五四頁。

(31) 『統治論断片』でのブラックストーン批判については、J. Bentham, *A Fragment on Government*, New authoritative ed. by J. H. Burns and H. L. A. Hart, with an introduction by Ross Harrison, Cambridge University Press, 1988, pp.3–32 を参照。その前年に出された『英国法釈義注解』でのブラックストーン批判を法思想史的に位置付けた論文として、以下を参照。石井幸三「初期ベンタムの法思想――釈義注解の紹介をかねて（一）（二・完）」『龍谷法学』一四

巻一号（一九八一）、二六–五五頁、及び一四巻三号（一九八一）、一〇一–一三九頁。

（32） F. A. Hayek, *The Constitution of Liberty*, pp.152–153〔『自由の条件Ⅱ』、六〇頁以下〕を参照。

（33） ハイエク自身は、自らが語る「法の支配」の全体像をまとまった形で示していないが、嶋津格が、伝統的な法哲学における「法の支配」についての一般的な見解と対比しながら、全体像を示すことを試みている。嶋津格『自生的秩序――F・A・ハイエクの法理論とその基礎』木鐸社、一九八五年、一五八–一八〇頁参照。

（34） F. A. Hayek, *The Constitution of Liberty*, p.181〔『自由の条件Ⅱ』、一〇四頁、一部改訳〕.

（35） *Ibid.*, pp.155–156〔同右、六五頁以下、一部改訳〕.

（36） *Ibid.*, p.161〔同右、七四頁以下〕を参照。

（37） *Ibid.*, p.163〔同右、七七頁以下〕を参照。なお、司法審査制の発達・変遷という側面から見たアメリカの憲法＝国家体制の歴史を論じた著作として以下を参照。阿川尚之『憲法で読むアメリカ史（上・下）』ＰＨＰ研究所、二〇〇四年。

（38） F. A. Hayek, *The Constitution of Liberty*, p.158〔『自由の条件Ⅱ』、六九頁以下、一部改訳〕.

（39） 「法実証主義」とはそもそも何かについては様々な見方があるが、日本語で読める代表的な基本文献として、例えば、以下のようなものがある。日本法哲学会編『日本法哲学会年報（一九六二） 法実証主義の再検討』（有斐閣、一九六三年）、矢崎光圀『法実証主義――現代におけるその意味と機能』（日本評論新社、一九六三年）、深田三徳『法実証主義論争――司法的裁量論批判』（法律文化社、一九八三年）。

（40） F. A. Hayek, *Law, Legislation and Liberty*, Routledge 1993, volume 1, p.72〔矢島鈞次・水吉俊彦訳『法と立法と自由Ⅰ』ハイエク全集第Ⅰ▼8、春秋社、二〇〇七年、九八頁〕を参照。

（41） 英国の「法の支配」概念は、もともと慣習法、更には民衆の慣習との繋がりが強いとされている。この点については、伊藤正己『法の支配』有斐閣、一九五四年、特に、一–七三頁参照。

(42) F. A. Hayek, *Law, Legislation and Liberty*, volume1, pp.74ff.〔『法と立法と自由Ⅰ』、一〇〇頁以下〕を参照。
(43) *Ibid*., pp.78ff〔同右、一〇六頁以下〕を参照。ハイエクの「ルール」概念の多層的な構造については、森田雅憲『ハイエクの社会理論』、一五〇–一五九頁参照。
(44) F. A. Hayek, *The Constitution of Liberty*, pp.158–159〔『自由の条件Ⅱ』、七〇頁以下〕を参照。
(45) *Ibid*., p.160〔同右、七三頁〕を参照。
(46) *Ibid*., p.51〔『自由の条件Ⅰ』、八二頁〕を参照。
(47) Hannah Arendt, *On Revolution*, pp.233ff〔『革命について』、三七六頁以下〕を参照。
(48) F. A. Hayek, *The Constitution of Liberty*, pp.166ff〔『自由の条件Ⅱ』、八一頁以下〕を参照。

第3章

(1) モンボドの進化論の思想史的意義について、以下を参照。A. O. Lovejoy, 'Monboddo and Rousseau', in *Essays in The History of Ideas, Greenwood Press*, 1978, pp.38–61〔「モンボドとルソー」、鈴木信雄・内田成子・佐々木光俊・秋吉輝雄訳『観念の歴史』名古屋大学出版会、二〇〇三年、三三–五一頁〕.
(2) 言語学の歴史学派とは、近代言語学の出発点となった歴史的比較言語学のことを指す。その創始者とされるイングランドの法学者ウィリアム・ジョーンズ（一七四六–九四）は、サンスクリット語とギリシア語やラテン語が、語彙の面だけでなく、文法構造的にも似ていることに注目し、これらが同じ言葉（祖語）を起源とし、それから進化してきたのではないかと指摘した。法学の歴史学派とは、法は言語と同様に、それぞれの民族に固有の精神と共に自然と発展するものであるという前提に立って、法の歴史的発展を研究する、ドイツの歴史法学を指す。創始者とされるのは、民法学者のサヴィニー（一七七六–一八六一）である。
(3) ダーウィンは、人間の道徳感情の進化についても論じており、その関連で——ハイエクが言うところの英国的伝統に属する――ミルやアダム・スミスの議論を参照している。この点については、内井惣七『進化論と倫理』世界思想社、一九九六年、二三頁以下を参照。

（4） F. A. Hayek, *The Constitution of Liberty*, p.53〔『自由の条件Ⅰ』、八六頁〕.

（5） *Ibid*., pp.54–55〔同右、八八頁以下〕を参照。

（6） F. A. Hayek, 'Dr.Bernard Mandeville（1670–1733）', in *The Trend of Economic Thinking*, p. 84〔「医学博士バーナード・マンデヴィル」『思想史論集』、五四頁〕を参照。

（7） デ・モリナの貨幣論・価格論については以下を参照。飯塚一郎『貨幣学説前史の研究』未来社、一九六九年、一五四–一六四頁。

（8） F. A. Hayek, 'Dr. Bernard Mandeville（1670–1733）', in *The Trend of Economic Thinking*, pp.84ff.〔『思想史論集』、五五頁以下〕を参照。

（9） *Ibid*., pp.91ff.〔同右、六二頁以下〕を参照。

（10） *Ibid*., pp.ff.90–91〔同右、六一頁以下〕を参照。

（11） F. A. Hayek, 'The Legal and Political Philosophy of David Hume（1711–1776）', in *The Trend of Economic Thinking*, p.107〔「デイヴィド・ヒュームの法哲学と政治哲学」『思想史論集』、八三頁〕を参照。

（12） *Ibid*., pp.109–110〔同右、八六–八七頁〕.

（13） 功利主義のルール観については、『法と立法と自由』で詳しく検討されている。F. A. Hayek, *Law, Legislation and Liberty*, volume 2, pp.17–23〔篠塚慎吾訳『法と立法と自由Ⅱ』ハイエク全集Ⅰ▼9、春秋社、二〇〇八年、二八–三六頁〕を参照。

（14） F. A. Hayek, 'The Legal and Political Philosophy of David Hume（1711–1776）', in *The Trend of Economic Thinking*, p.110〔『思想史論集』、八七–八八頁〕.

(15) ルソーの「一般意志＝法」論については、拙著『今こそルソーを読み直す』、一四四―一四八頁を参照。

(16) 道徳や法の普遍性をめぐるカントの議論はかなり複雑であるが、以下では、「正義」をめぐるアクチュアルな議論に関連付ける形で、その特徴がコンパクトにまとめられている。M. Sandel, *Justice: What's the Right Thing to Do?*, Penguin, 2010, pp.103–139〔鬼澤忍訳『これからの「正義」の話をしよう』早川書房、二〇一〇年、一三六―一八二頁〕を参照。

(17) F. A. Hayek, 'The Legal and Political Philosophy of David Hume (1711–1776)', in *The Trend of Economic Thinking*, p.110, pp.112–113〔同右、九〇頁以下〕を参照。

(18) F. A. Hayek, 'Notes on the Evolution of Systems of Rules of Conduct', in *Studies in Philosophy, Politics and Economics*, Routledge & K.Paul, 1967, pp.66–81〔「行為ルールシステムの進化」『哲学論集』、二一五―二三八頁〕を参照。

(19) F. A. Hayek, *Law, Legislation and Liberty*, volume 1, p.2〔『法と立法と自由I』、九頁〕を参照。スミスは、その二大主要著作である『道徳感情論』（一七五九）と『諸国民の富』の随所で、「商業社会」とほぼ同義で「大きな社会」という表現を使っている。「開かれた社会」は、ポパーの（ユートピア主義的）歴史主義批判の著作のタイトルの一部――『開かれた社会とその敵 *The Open Society and Its Enemies*』（一九四五）――にもなっている。

(20) F. A. Hayek, *Law, Legislation and Liberty*, volume 2, pp.133ff.〔『法と立法と自由II』、一八三頁以下〕を参照。

(21) F. A. Hayek, *Law, Legislation and Liberty*, volume 1, p.17〔『法と立法と自由I』、二六頁以下〕を参照。

(22) F. A. Hayek, *The Sensory Order: An Inquiry into the Foundations of Theoretical Psychology*, The University of Chicago Press, 1963, pp.2–19, 30–36 and 177–179〔『感覚秩序』ハイエク全集I▼4、春秋社、二〇〇八年、一一―二七頁、三九―四五頁、及び、二〇二―二〇四頁〕を参照。

(23) *Ibid.*, pp.177–178〔同右、二〇三頁〕を参照。

(24) F. A. Hayek, *Law, Legislation and Liberty*, volume 1, p.18〔『法と立法と自由I』、二七頁以下』〕.

（25）*Ibid*., p.29〔『法と立法と自由I』、四二頁〕を参照。

（26）*Ibid*., pp.11–20〔同右、二〇頁、一部改訳〕.

（27）*Ibid*., p.14〔同右、二二頁以下〕.

（28）F. A. Hayek, 'Economics and Knowledge', in *Individualism and Economic Order*, p.50〔「経済学と知識」『個人主義と経済秩序』、六八頁〕を参照。

（29）F. A. Hayek, 'The Use of Knowledge in Society', in *Individualism and Economic Order*, p.88〔「社会における知識の利用」『個人主義と経済秩序』、一一三頁以下〕を参照。ホワイトヘッドからの引用は、『数学入門』（一九一一）からのものである。

（30）「価格メカニズム」から「振る舞いのルール」へのハイエクの思考の枠組みのシフトをめぐる問題については、S. Fleetwood, *Hayek's Political Economy: The Socio-economics of Order*, Routledge, 1995, p72ff.〔佐々木憲介・西部忠・原伸子訳『ハイエクのポリティカル・エコノミー』法政大学出版局、一二二頁以下〕を参照。

（31）「振る舞いのルール」と、価格メカニズムに代表される情報伝達システムの関係については、*Ibid*., pp.125–134〔同右、二一五–二三〇頁〕を参照。

（32）F. A. Hayek, *Law, Legislation and Liberty*, volume 2, pp.108–109〔『法と立法と自由II』、一五一頁』〕を参照。ハイエクは、論文「自由主義社会の秩序はどうあるべきか」（一九六六）で既に、この意味での「カタラクシー」という用語を導入すべきことを提案している。F. A. Hayek, The Principles of a Liberal Social Order, in *Studies in Philosophy, Politics and Economics*, p.164〔「自由主義社会の秩序はどうあるべきか」『政治学論集』、七三頁以下〕を参照。

（33）R. Whately, *Introductory Lectures on Political Economy*, 2nd Edition［1832］, Augustin M. Publishers, 1966, pp.3–10を参照。

（34） L. v. Mises, *Human Action: A Treatise on Economics*, William Hodge and Company Limited, 1949, pp.233ff.〔村田稔雄訳『ヒューマン・アクション』春秋社、二〇〇八年、二六三頁以下〕を参照。

（35） *Ibid*., pp.89–91, 177–178〔同右、一〇一–一〇三、二〇一–二〇二頁〕を参照。ハイエクは、自伝的著作の中で、習慣よりも理性を重視するミーゼスの立場に対して距離を置いていたことを明言している。F. A. Hayek, *Hayek on Hayek*, p72–73〔『ハイエク、ハイエクを語る』、六〇頁以下〕を参照。

（36） F. A. Hayek, *Law, Legislation and Liberty*, volume 2, p.109〔『法と立法と自由Ⅱ』、一五二頁、一部改訳〕を参照。

（37） *Ibid*., p.110〔同右、一五三頁〕を参照。

（38） *Ibid*., pp.113ff.〔同右、一五六頁以下〕を参照。

（39） この点については、F. A. Hayek, '*The Confusion of Language* in Political Thought' in : *New Studies in History, Politics, Economics and the History of Ideas*, p.91〔「政治思想における用語の混乱」『政治学論集』、二二二頁〕を参照。

（40） *Ibid*., pp.72–76〔同右、二〇三–二〇七頁〕を参照。この論文では、「エコノミー」と「カタラクシー」の区別や、後述する「ノモス」と「テシス」の区別も示唆されている。

（41） F. A. Hayek, *Law, Legislation and Liberty*, volume 1, p.37〔『法と立法と自由Ⅰ』、五二頁〕を参照。

（42） マイケル・ポランニーの思想の全体像については、佐藤光『マイケル・ポランニー――「暗黙知」と自由の哲学』（講談社、二〇一〇年）を参照。

（43） M. Polanyi, 'The Span of Central Direction', in *The Logic of Liberty: Reflections and Rejoinders*, Liberty Fund, 1998, pp.136–169〔「集中的指令の制御範囲」、長尾史郎訳『自由の論理』ハーベスト社、一九八八年、一四一–一七五頁〕を参照。

（44） ハイエクとポランニーの関係については、渡辺幹雄『ハイエクと現代リベラリズム』の第四章を参照。

（45） F. A. Hayek, *Law, Legislation and Liberty*, volume 1, pp.49–50〔『法と立法と自由Ⅰ』、六七頁〕.

(46) *Ibid.*, pp.46–47〔同右、六三頁以下〕を参照。

(47) *Ibid.*, p.48〔同右、六五頁〕を参照。

(48) *Ibid.*, pp.52ff.〔同右、七〇頁以下〕を参照。

(49) F. A. Hayek, *The Constitution of Liberty*, p.345〔気賀健三・古賀勝次郎訳『自由の条件Ⅲ』ハイエク全集Ⅰ▼7、春秋社、二〇〇七年、一九六頁以下〕を参照。

(50) コールリッジの政治思想の変遷については、以下を参照。柏經學「イギリス・ロマン主義の政治思想　W・ワーヅワスおよびT・コールリッジ」、竹原良文編『フランス革命と近代政治思想の転回』草薙書房、一九七三年、二四六–二八四頁。

(51) ボナールとド・メーストルの思想については、以下を参照。梶原愛巳「フランスにおける伝統主義と王政復古の政治思想」『フランス革命と近代政治思想の転回』、五六二–五九九頁。なお、バーリンは以下の論文で、ボナールとド・メーストルの違いを強調しながら、後者が、通常の意味での保守主義よりも、むしろファシズムの原点とも言うべき考え方を示していたと指摘している。I. Berlin, 'Joseph de Maistre and the Origins of Fascism' in: *The Crooked Timber of Humanity: Chapters in the History of Ideas*, Princeton University Press, 1997, pp.91–174〔「ジョセフ・ド・メストルとファッシズムの起源」、福田歓一・河合秀和・田中治男・松本礼二訳『バーリン選集4　理想の追求』岩波書店、一九九二年、八九–二〇〇頁〕.

(52) メーザーの思想については、坂井榮八郎『ユストゥス・メーザーの世界』刀水書房、二〇〇四年。

(53) この点については、古賀敬太『カール・シュミットとカトリシズム』創文社、一九九九年、九九–一五八頁を参照。

(54) F. A. Hayek, *The Constitution of Liberty*, pp.345–346〔『自由の条件Ⅲ』、一九七頁以下〕.

(55) *Ibid.*, p.348〔同右、二〇一頁以下〕を参照。

（56） *Ibid.*, pp.350ff.〔同右、二〇三頁以下〕を参照。

（57） オークショットの「保守主義」観については、M. Oakeshott, 'On being Conservative', in *Rationalism in Politics and other essays*, Methusen & Co, 1962, pp.168–196〔「保守的であるということ」、嶋津格他訳『政治における合理主義』勁草書房、一九八八年、一九八–二三六頁〕を参照。

（58） 渡辺幹雄『ハイエクと現代リベラリズム』、一二九頁以下を参照。ハイエクとオークショットの共通点と相違点については、萬田悦生『文明社会の政治原理』、一三一–一三七頁も参照。

第四章

（1） F. A. Hayek, *Law, Legislation and Liberty*, volume 1, pp.88ff.〔『法と立法と自由Ⅰ』、一一八頁以下〕を参照。

（2） *Ibid.*, p.94〔同右、一二七頁〕を参照。

（3） *Ibid.*, p.86〔同右、一一五頁〕を参照。

（4） マンスフィールドの法思想については、以下を参照。石井幸三「マンスフィールドの法思想——イギリス一八世紀後半の法思想の一断面」『龍谷法学』九巻三・四号（一九七七年）、三二五–三七六頁、及び、戒能通弘「近代英米法思想の展開（二）」『同志社法学』六一巻七号、五四–七二頁。

（5） The King v. Bembridge（1783）, 3 Dougl., p.332 or 99 E.R.,p.681（http://www.commonlii.org/uk/cases/EngR/1783/170.pdf）.

（6） F. A. Hayek, *Law, Legislation and Liberty*, volume 1, p.95〔『法と立法と自由Ⅰ』、一二八頁〕.

（7） *Ibid.*, p.126〔同右、一六六頁〕を参照。

（8） *Ibid.*, p.124ff.〔同右、一六三頁以下〕を参照。

（9） *Ibid.*,pp.128ff.〔同右、一六八頁以下〕を参照。

(10) *Ibid.*, p.90〔同右、一二〇頁〕を参照。

(11) *Ibid.*, p.127〔同右、一六七頁、一部改訳〕を参照。

(12) *Ibid.*, p.118ff.〔同右、一五七頁以下〕を参照。

(13) *Ibid.*, p.88ff.〔同右、八八頁以下〕を参照。

(14) F. A. Hayek, *Law, Legislation and Liberty*, volume 3, p.109ff.〔渡辺茂訳『法と立法と自由Ⅲ』ハイエク全集Ⅰ▼10、春秋社、二〇〇八年、一五〇頁以下〕を参照。

(15) F. A. Hayek, *Law, Legislation and Liberty*, volume 1, p.132〔『法と立法と自由Ⅰ』、一七二頁以下〕を参照。

(16) *Ibid.*, pp.132–133〔同右、一七三頁以下、一部改訳〕.

(17) *Ibid.*, p.134〔同右、一七五頁〕を参照。

(18) *Ibid.*, p.137〔同右、一七九頁〕を参照。

(19) *Ibid.*, p.138〔同右、一七九頁〕を参照。

(20) *Ibid.*, pp.142–143〔同右、一八四頁以下〕を参照。

(21) F. A. Hayek. *Law, Legislation and Liberty*, volume 2, pp.31–32〔『法と立法と自由Ⅱ』、四八頁以下〕を参照。

(22) *Ibid.*, pp.32–33〔同右、四九頁以下〕を参照。

(23) 無論、「正しい振る舞いのルール」の遵守によってコスモスを保持することの重要さを執拗に主張するハイエクの議論は、コスモスの保持から期待される「帰結」を評価の基準にしているという意味で、間接的な意味での帰結主義と見ることもできないわけではない。こうしたハイエクの正義論の両面性を考察した議論として、以下を参照。山中優『ハイエクの政治思想』勁草書房、二〇〇七年、第二章「自由論　義務論と帰結主義の間で」(三五–九七頁)。

(24) F. A. Hayek, *Law, Legislation and Liberty*, volume 2, pp.1ff.〔『法と立法と自由Ⅱ』、八頁以下〕を参照。

(25) F. A. Hayek, 'Rules, Perception, and Intelligibility', in *Studies in Philosophy, Politics and Economics*, p.45〔「ルール、知覚、理解可能性」『哲学論集』、一七九頁〕を参照。

(26) F. A. Hayek, Law, *Legislation and Liberty*, volume 2, pp.36ff.〔『法と立法と自由Ⅱ』、五四頁以下〕を参照。

(27) *Ibid.*, p.38〔同右、五六頁以下、一部改訳〕.

(28) *Ibid.*, pp.39–40〔同右、五九頁〕を参照。

(29) *Ibid.*, p.40〔同右、六〇頁〕を参照。

(30) ハイエクの法実証主義批判、特にケルゼン批判の概要については、嶋津格『自生的秩序』、一八一―一九六頁を参照。

(31) ハイエクは『法と立法と自由』のこれ以外の文脈でも、かなり好意的にハートの議論を参照している。これは、ハートが、法の源泉を立法行為や司法的決定に限定して考える「ハードな法実証主義」ではなく、裁判官等による承認のルールによって認められるものでありさえすれば法であると考える「ソフトな法実証主義」の陣営に属していることと関連していると思われる。この点については、以下を参照。深田深徳『現代法理論論争――R・ドゥオーキン対法実証主義』ミネルヴァ書房、二〇〇四年、一六六頁以下。

(32) H. L. A. Hart, *The Concept of Law*, Oxford at the Clarendon Press, 1961, p.181〔矢崎光圀他訳『法の概念』みすず書房、一九七六年、二〇三頁、一部改訳〕.

(33) F. A. Hayek, *Law, Legislation and Liberty*, volume 2, p.56〔『法と立法と自由Ⅱ』、八一頁〕を参照。

(34) *Ibid.*, pp.56–57〔『法と立法と自由Ⅱ』、八一頁〕を参照。

(35) H. L. A. Hart, *The Concept of Law*, pp.43ff.〔『法の概念』、四九頁以下〕を参照。ハートの法理論の全体像については、N・マコーミック／角田猛之編訳『ハート法理学の全体像』晃洋書房、一九九六年を参照。

(36) ハートとハイエクの法理論上の接点については、落合仁司『保守主義の社会理論　ハイエク・ハート・オースティン』勁草書房、一九八七年、二二頁以下を参照。

（37） F. A. Hayek, *Law, Legislation and Liberty*, volume 2,p.44〔『法と立法と自由Ⅱ』、六四頁〕を参照。

（38） T. Hobbes, *Leviathan*＝*The English Works of Thomas Hobbes vol.*Ⅲ, Reprint of the edition 1839, Scietia Verlag Aalen, 1962, pp.250–251〔水田洋訳『リヴァイアサン（二）』岩波書店、一九六二年、一六三頁以下〕を参照。

（39） T. Hobbes, *Leviathan*＝*Opera Latina vol.*Ⅲ, Scientia Verlag, 1966, p.202. このラテン語版（一六六八）での簡潔な定式は、ホッブズの「法」論の本質を成すものとして、しばしばこの形で引用される。ハイエクもラテン語版から引用している（F. A. Hayek, *Law, Legislation and Liberty*, volume 2, p.45〔『法と立法と自由Ⅱ』、六六頁〕を参照）。英語版の『リヴァイアサン』では、前後の文脈との関係でやや複雑で説明的な文になっており、ニュアンスも異なっている。T. Hobbes, *Leviathan*＝*The English Works of Thomas Hobbes vol.*Ⅲ, p.263〔『リヴァイアサン（二）』、一七八頁〕も参照。

（40） オースティンの法理論について詳しくは、以下を参照。八木鉄男『分析法学の研究』成文堂、一九七七年、同『分析法学と現代』成文堂、一九八九年。

（41） 専門的なケルゼン研究では、「根本規範」は必ずしも、「立法者の意思」あるいは法制定とストレートに結び付けられていない。ただ、「実定法」という概念自体がテシス的な意味合いを帯びているとするハイエクの前提からすれば、立法者の意思の絶対性を強調する、［ホッブズ→ベンサム→オースティン］の系譜の最後に、ケルゼンを位置付けることは見当外れではないだろう。ケルゼンの思想・哲学については日本でも多くの研究・紹介文献があるが、根本規範と正義に関わる近年の研究として、特に以下を参照。高橋広次『ケルゼン法学の方法と構造』九州大学出版会、一九九六年、長尾龍一『ケルゼン研究Ⅰ』信山社、一九九九年。

（42） F. A. Hayek, *Law, Legislation and Liberty*, volume 2, p.48〔『法と立法と自由Ⅱ』、七〇頁〕を参照。

（43） T. Hobbes, *Leviathan*＝*The English Works of Thomas Hobbes vol.*Ⅲ, p.335〔『リヴァイアサン（二）』、二七四頁〕も参照。

（44）H. Kelsen, 'The Pure Theory of Law', trans. by C.H.Wilson, in *Law Quarterly Review*, Vol.50, p.234. これは、『純粋法学（第二版）』（一九三四）からの部分英訳であり、ハイエクもここから引用しているが（F. A. Hayek, *Law, Legislation and Liberty*, volume 2, p.48〔『法と立法と自由Ⅱ』、七〇頁〕、原文では、「正しい」を意味するドイツ語〈gerecht〉と、「法」を意味するドイツ語〈Recht〉の語源的繋がりを利用した言葉遊びになっている。〈"Gerecht" ist hier nur ein anderes Wort für "recht"（ここでは、）『正義に適っている』は、『正しい＝法』の言い換えにすぎない〉Hans Kelsen, *Reine Rechtslehre. Einleitung in die Rechtswissenschaftliche Problematik*, 1. Auflage, Scientia Verlag Aalen, 1994, p.13を参照。邦訳（横田喜三郎訳『純粋法學』岩波書店、一九三五年、二九頁）では、「正義的とは単に合法的の別名にすぎないのである」と訳されている。

（45）F. A. Hayek, Law, Legislation and Liberty, volume 2, pp.46–47〔『法と立法と自由Ⅱ』、六八頁、一部改訳〕.

（46）*Ibid.*, pp.62–63〔同右、八九頁以下〕を参照。

（47）J. S. Mill, Utilitarianism, in *Collected Works of John Stuart Mill vol.* X = *Essays on Ethics, Religion, and Society*, University of Toronto Press + Routledge & Kegan Paul, 1969, pp.249–250〔川名雄一郎・山本圭一郎「功利主義」『功利主義論集』京都大学出版会、二〇一〇年、三二八頁〕を参照。

（48）*Ibid.*, p.243〔同右、三一七頁以下〕を参照。

（49）*Ibid.*, p.257ff.〔同右、三四一頁以下〕を参照。

（50）F. A. Hayek, *Law, Legislation and Liberty*, volume 2, p.64〔『法と立法と自由Ⅱ』、九一頁以下、一部改訳〕.

（51）F. A. Hayek, 'The Principles of a Liberal Social Order', in : *Studies in Philosophy, Politics and Economics*, p.170〔「自由主義社会の秩序はどうあるべきか」『政治学論集』、八二頁以下〕を参照。

（52）F. A. Hayek, *Law, Legislation and Liberty*, volume 2, pp.73–74〔『法と立法と自由Ⅱ』、一〇四頁〕を参照。

（53）この点をめぐるハイエクの思想史戦略上の狙いについては、古賀勝次郎『ハイエクの政治経済学』新評論、一九八一年、八一頁及び九九頁以下を参照。

（54） F. A. Hayek, *Law, Legislation and Liberty*, volume 2, p.65ff.〔『法と立法と自由Ⅱ』、九三頁以下〕を参照。

（55） *Ibid.*, pp.80ff.〔同右、一一三頁以下〕を参照。

（56） *Ibid.*, pp.93ff.〔同右、一三〇頁以下〕を参照。

（57） *Ibid.*, p.86〔同右、一二〇頁〕を参照。

（58） G. Radbruch, *Rechtsphilosophie*, Studienaugabe（2. Auflage）, hrsg. Ralf Dreier u. Stanley L.Paulson, C.F.Muller Verlag, 2003, p.88〔田中耕太郎訳『ラートブルフ著作集第一巻＝法哲学』東京大学出版会、一九六一年、二三三頁、一部改訳〕.

（59） F. A. Hayek, *The Constitution of Liberty*, pp.248ff.〔『自由の条件Ⅲ』、四五頁以下〕を参照。

（60） *Ibid.*, p.249ff.〔同右、四七頁以下〕を参照。

（61） *Ibid.*, p.263〔同右、六八頁以下、一部改訳〕.

（62） F. A. Hayek, *Law, Legislation and Liberty*, volume 3, p.9ff.〔『法と立法と自由Ⅲ』、二〇頁以下〕を参照。

（63） *Ibid.*, p.12〔同右、二四頁、一部改訳〕

（64） *Ibid.*, pp.14ff.〔同右、二七頁以下〕を参照。

（65） *Ibid.*, pp.22ff.〔同右、三八頁以下〕を参照。

（66） *Ibid.*, pp.43ff.〔同右、六六頁以下〕を参照。

（67） J. Locke, *Two Treatises of Government*, Everyman’s Library（Dent & Dutton）, 1975, p.182〔加藤節訳『統治二論』岩波書店、二〇一〇年、四四六頁以下、一部改訳〕

（68） F. A. Hayek, ‘The Confusion of Language in Political Thought’ in : *New Studies in History, Politics, Economics and the History of Ideas*, pp.96ff.〔『政治学論集』、二二八頁〕を参照。なお、八〇年代後半以降、この「ディマーキー」

という言葉は、オーストラリアの哲学者ジョン・バーンハイム等によって、現行の代議制民主主義に伴う腐敗を回避すべく、くじ引きによる代表選出の仕組みを意味するものとして用いられるようになったが、ハイエク自身はくじ引きを提案しているわけではない。

（69） *Ibid.*, pp.82ff.〔同右、二一三頁以下〕を参照。

（70） F. A. Hayek, *Law, Legislation and Liberty*, volume 3, pp.39–40〔『法と立法と自由Ⅲ』、六一頁以下〕を参照。

（71） *Ibid.*, p.40〔同右、六二頁〕を参照。

（72） *Ibid.*, p.114ff.〔同右、一五七頁以下〕を参照。

（73） *Ibid.*, p.119ff.〔同右、一六二頁以下〕を参照。

（74） J. Rawls, *A Theory of Justice*, Revised Edition, The Belknap Press of Harvard University Press, 1999, pp.52ff.〔川本隆史・福間聡・神島裕子訳『正義論』紀伊国屋書店、二〇一〇年、八三頁以下〕を参照。ロールズの格差原理の簡単な説明として、拙著『集中講義！アメリカ現代思想』、九三頁以下を参照。

（75） ハイエクの最晩年の著作『致命的な思いあがり』（一九八八）では、ロールズの議論を、「将来の変化はすべて公正（just）たるべし」という主張を含意しているものと見なしたうえで、「ロールズ的な世界は決して文明化しえなかったはずである」と示唆している。F. A. Hayek, *The Fatal Conceit: The Errors of Socialism* = *The Collected Works of Friedrich August Hayek* volume 1, ed. by W. W. Bartley III, Routledge, p.74〔渡辺幹雄訳『致命的な思いあがり』ハイエク全集Ⅱ▼1、春秋社、二〇〇九年、一〇九頁〕. ただし、この著作は執筆途中にハイエクが倒れて、その後の仕上げを、アメリカの哲学者でハイエクを始めとする著名な思想家の伝記をてがけているバートリー三世（一九三四-九〇）に任せたので、細部においてはハイエク自身の見解でないものが含まれている可能性が指摘されている。

（76） F. A. Hayek, *Law, Legislation and Liberty*, volume 2, p.166, p.179〔『法と立法と自由Ⅱ』、二二六頁以下、二四二頁

以下〕を参照。

（77）J. Rawls, ‘Constitutional Liberty and the Concept of Justice’, in *Collected Papers*, ed. by Samuel Freeman, Harvard University Press, 1999, p.89〔「憲法上の自由と正義の概念」、田中成明編訳『公正としての正義』木鐸社、一九七九年、一一八頁、一部改訳〕.

（78）F. A. Hayek, *Law, Legislation and Liberty*, volume 2, p.100〔『法と立法と自由Ⅱ』、一三八頁以下、一部改訳〕. ロールズからの引用は、「憲法上の自由と正義の概念」からのものである。J. Rawls, ‘Constitutional Liberty and the Concept of Justice’, in *Collected Papers*, p.77〔「憲法上の自由と正義の概念」『公正としての正義』、八四頁〕.

（79）リバタリアン内部の様々な立場の違いについては、森村進『自由はどこまで可能か――リバタリアニズム入門』講談社、二〇〇一年、二一頁以下を参照。

（80）ハイエク、ロールズ、ノージックの三者の思想的位置関係については、古賀勝次郎『ハイエクと新自由主義――ハイエクの政治経済学研究』行人社、一九八三年、一一三頁以下を参照。

終章

（1）F. A. Hayek, *The Constitution of Liberty*, pp.344–345〔『自由の条件Ⅲ』、一九五頁以下〕を参照。

（2）コミュニタリアニズムに関しては様々な解説書があるが、代表的なものとして以下を参照。菊池理夫『日本を蘇らせる政治思想――現代コミュニタリアニズム入門』講談社、二〇〇七年。代表的なコミュニタリアンであるサンデルの個人観については、M. J. Sandel, *Liberalism and the Limits of Justice*, 2nd edition, Cambridge University Press, 1998（菊池理夫訳『リベラリズムと正義の限界　原著第二版』勁草書房、二〇〇九年）を参照。

（3）萬田悦生は、ハイエクは共同体的な目的の共有という意味での「共同善（＝共通善）」は想定していないものの、コスモスにおける「振る舞いのルール」の共有という意味での「共同善」は想定している、という見解を示している。萬田悦生『文明社会の政治原理』、一三五頁以下を参照。

（4）F. A. Hayek, *The Constitution of Liberty*, pp.189ff.〔『自由の条件Ⅱ』、一一八頁以下〕を参照。

（5）ハイエクにおけるカント主義とヒューム主義について本格的に論じた研究として、山崎弘之『ハイエク・自生的秩序の研究——経済と哲学の接点』成文堂、二〇〇七年を参照。

（6）「行為の持続的な遂行」という側面からの、ハイエクの秩序論理解として、以下を参照。落合仁司『保守主義の社会理論』、八一頁以下。

（7）社会主義経済計算論争に際しては、市場の均衡をめぐる新古典派の議論が、ハイエクやミーゼスと対立するランゲ等の議論に理論的根拠を与えたとされている。この点に関しては、G. R. Steele, *The Economics of Friedrich Hayek*, Macmillan, 1996, pp.112ff.〔渡辺茂訳『ハイエクの経済学』学文社、二〇〇一年、一一五頁以下〕を参照。

（8）専門的な意味での「熟議的民主主義」については、田村哲樹『熟議の理由』勁草書房、二〇〇八年を参照。

（9）インターネットとハイエク理論の関係を論じる議論として、以下を参照。池田信夫『ハイエク——知識社会の自由主義』ＰＨＰ研究所、二〇〇八年、一七〇頁以下。

（10）以下の記事を参照。http://www.asahi.com/culture/news_culture/TKY201101060253.html

（11）「アーキテクチャ」をめぐる法哲学的な議論の紹介として、大屋雄裕『自由とは何か』筑摩書房、二〇〇七年、一一三頁以下を参照。

さらに読みたい読者のための
テーマ別読書案内

1　認知科学者としてのハイエク

『感覚秩序』（一九五二）〔ハイエク全集Ⅰ▼4〕

　ウィーン大学の学生であった当時ハイエクは、法学、経済学に加えて、心理学も専門的に学んでおり、その時の成果を、三十年以上経ってから、公刊したのがこの本である。ハイエク自身は「（理論）心理学」の仕事として位置付けているが、狭義の「心理学」の枠を超えて、「心的現象」の基礎を、神経学、生理学、生物学、哲学などの知見を動員して総合的かつ体系的に解明することを試みた野心的な内容になっている。現在、「認知科学」と呼ばれている分野と、分析哲学上の「心の哲学」の中間的なところに位置する研究と見るべきだろう。

　遠縁の親戚である哲学者ウィトゲンシュタインの『論理学哲学論考』（一九二一）と同じ様に、1・1、1・2、1・3、1・4……2・1、2・2、2・3、2・4……3・1、3・2・、3・3…というように、番号を付された単位命題が一つの短い節を構成し、前の節の内容を前提として後の節の議論が展開されるスタイルを取っている。最初に、問題の所在と理論的戦略を示したうえで、「神経システム→感覚と行動→心的秩序の構造→意識→概念的思考」という形で、具体的に観察可能な現象から、抽象的な構造・思考へと、階層的に議論が積み上げられていき、最終的に「哲学的帰結」を導き出す構造になっている。

　この本全体を通してハイエクは、近代哲学の最大のテーマとも言うべき「心身」の二元性をめぐる問題群に対して、情報伝達回路の階層的秩序化という視座からアプローチし、体系的に一貫した視座を与えることを試みている。近代哲学の認識論では、「私の心」もしくは「精神」を統一的実体として想定したうえで、「心」の中にどのようにして外界の情報が取り込まれ、再構成されるかが論じられる。そのため、全てを司る、主体としての「自我」の本性を解明することが第一の課題になる。

それに対してハイエクの枠組みでは、外界（物理的世界）からの刺激によって生じる生理学的インパルスが、神経システムの中で多元的に記号化されたうえで分類され、その記号化・分類された情報の束が中枢に向かっていく過程で更にメタ記号化・メタ分類され、階層構造を成していく。そのより高次に向かっていく情報の流れの中で、経験における「感覚の質」が決定され、その配置によって心的秩序が動態的に構成される。我々の意識や概念的思考も、そうした情報伝達回路の高次の段階で生じる現象であって、自我のアプリオリな構造のようなものがあるわけではないのである。

そうした視点を取ることでハイエクは、自我や理性、あるいは精神のようなものを中心に据える観念論と対峙すると共に、心的現象を物理的現象に還元しようとする、素朴な唯物論からも距離を取る。唯物論、観念論の二項対立の枠に収まらない、ハイエク独特の「心的秩序」論は、「ルール」を中心とする社会の「進化」をめぐる一連の議論の基礎にもなっている。「心的秩序↓行為ルールの進化論↓コスモス」という繋がりが、ハイエク社会理論の核になっていると指摘する研究者は少なくない。

☆さらに興味をもった読者にはこちらもおすすめ

・**「複雑現象の理論」**（一九六四）

・**「抽象的なるものの先行性」**（一九六九）

〔ともにハイエク全集Ⅱ▼4『哲学論集』所収〕

2 教育者としてのハイエク

「経済学者になるということ」（一九九一）

〔ハイエク全集第Ⅱ▼6『経済学論集』所収〕

一九四四年にロンドン大学学生ユニオンで行った講演の記録。これからプロの経済学者になるかもしれない学生を前にして、「経済学者」としての心がまえや基礎的な素養について平易な言葉で語っている。分野横断的に研究・執筆活動を続けたハイエクの学問観が凝縮して表現されている点でも興味深い。

この講演を通してのハイエクのメッセージを敢えて一言で要約すれば、「『認められたい』という誘惑に耐えて学問に精進せよ！」、ということになるだろう。一般的に、自然科学の諸分野と違って、人文科学や社会科学は、その分野がそもそも真理に向かって進んでいるかどうかが曖昧であり、優れた理論と誤った理論を区別する、誰にでも分かるような明確な基準はない。いったん確立された理論が覆されたり、忘れ去られたりすることも少なくない。経済学を含む社会科学の理論が、実験によって確証されるものではなく、推論の積み重ねによって練り上げられていくものである以上、それは致し方ないことである。

にもかかわらず、経済学者は、政治哲学者と並んで、時として社会秩序の選択に大きな影響を与える。特に経済学者は、経済問題について、政治家や官僚等からしばしば意見を求められる。しかし、経済学者の意見を聞く人は、経済学の理論動向についての正しい知識を持ち合わせていないし、ましてや、その人たちの背後にいる、一般国民は経済の専門的議論にはほとんど関心がなく、とにかく〝特効薬〟を示してくれるような意見に飛びつきがちである。そのため、経済学者の多くは、政治家や大衆が求める見解を、自らの学問的意見として呈示することで、影響力を発揮したいという誘惑に囚われがちになる。

ハイエクは、大衆の支持を背景に政策を行う「政治家」としての仕事と、知的誠実さを保つ「経済学者」としての仕事は両立しないとして、「政治家」になりたい人は、「経済学者」になるべきではない、と断言する。ただし、だからといって、経済学者になるために、狭い意味での「経済学」だけ効率的に勉強して、試験に受かって、早く一人前になることだけを目指すべきでもない、と警告する。経済学が、隣接する他の学問分野との関係でどのような位置にあり、社会の在り方にどのような影響を与えるか把握しないまま、〝専門的論文〟だけ書いている学者は、人類にとっての禍の種を撒くことになるかもしれない。

昨今の日本のマスコミでもてはやされている〝経済学者〟たちの言動を見ていると、この講演でのハイエクの警鐘は、現在でも——というより、現在においてますます——アクチュアルな意味を持っているのではないかと思えてくる。

☆さらに興味をもった読者にはこちらもおすすめ
- 「**知性の二つのかたち**」（一九七八）
- 「**専門化のジレンマ**」（一九五六）

〔ともにハイエク全集Ⅱ▼4『哲学論集』所収〕

3　伝記作家としてのハイエク

「ジョン・スチュアート・ミル——二〇代半ばの頃」（一九四一）
「ジョン・スチュアート・ミルとハリエット・テイラー」（一九五一）
〔ともにハイエク全集Ⅱ▼7『思想史論集』所収〕

ハイエクは理論経済学者であると共に、経済学史家としても多くの仕事を残している。自らの知的源泉であるオーストリア学派、特にその始祖であるメンガーの業績についてはかなり詳細に検討し、限界効用説の同時発見者として知られる、ジェヴォンズやワルラスとの違いも明らかにしている。メンガーによって開拓された主観価値の純粋理論の意義を重視する、彼の学史的な視点は、中期以降の主要著作であり、狭義の経済学の枠には収まらない『自由の条件』や『法と立法と自由』にも反映されている。

ハイエクの経済学史的な仕事の中でやや異質な感じがするのは、一人の経済学者の個人史的な部分に踏み込んで、その思想形成過程を論じたジョン・スチュアート・ミル論である。自己決定における「他者危害原則」論や、「思想の自由市場」論の原型となった『自由論』（一八五九）の著者であり、古典派経済学の完成者とされるミルは、基本的には、［自由主義―個人主義］の陣営に属する人間のはずである。しかしながら、彼は同時に、ハイエクが設計主義的合理主義に分類する、ベンサム的功利主義の継承者であり、サン＝シモンやコントの影響を強く受けている。

　そうしたこともあって、ミルに対するハイエクの評価はかなり微妙である。文脈によって自由主義の擁護者として高く評価したり、設計主義的合理主義を英国の自由主義に混入させた人物として批判的に位置付けたりしている。ここに挙げた二つの論考でハイエクは、自らにとって微妙な位置にいる〝ミルの思想〟の形成過程に、伝記的な側面からアプローチしている。

　ミルの著作『時代の精神』（一八三一）をハイエク自身が編集して刊行した際、「序文」として書きおろした「二〇代の半ばの頃」では、十四歳の少年だったミルがベンサムの弟と共にフランスに滞在した経験があることや、二歳年長のフランスの友人ギュスターヴ・デクタールを通じてサン＝シモンやコントの影響を受けていたことなど、ミルとフランス系の合理主義の接点が丁寧に記述されている。ミルは実際、コントやサン＝シモンの著作を読み、感銘を受けているが、その考え方を全面的に受け入れたわけではなく、一線を画している。

　ハイエクの見方によれば、ミルはサン＝シモンなどによる社会主義の構想の「最終目的」には共感していたものの、そのための手段としての私有財産の廃止には賛同しておらず、その点は終生変わらなかった。若きミルは、議会制度や選挙法の改革をめぐる政治的危機状況の中で、民衆の間に浸透しつつある社会主義をどのように評価すべきか試行錯誤しており、その痕跡が当時の彼の著述に反映されている、という。

やはりハイエク自身が編集したミルとテイラーの書簡集への「序文」として書かれた「ミルとハリエット・テイラー」では、最終的に彼の妻となったテイラーとの関係の重要性が強調されている。ミルの思想的形成において彼女からの影響は決定的であるとしたうえで、二人の間の往復書簡を、ミル自身による『自伝』（一八七三）には書かれていないことを知るための新しい資料として位置付けている――自分が編集した書簡集の「序文」なので、その重要性を強調するのは当然かもしれないが。短い文章なので、具体的なことはあまり語られていないが、ミルという思想家・経済学者の――理論それ自体だけでなく――人となりに、ハイエクが重大な関心を寄せていることが伺える。

☆さらに興味をもった読者にはこちらもおすすめ
・**「カール・メンガー」**（一九三四）
・**「遠縁の従兄ルートヴィヒ・ウィトゲンシュタインの思い出」**（一九七七）
〔ともにハイエク全集Ⅱ▼7『思想史論集』所収〕

4 歴史家としてのハイエク

「歴史と政治」（一九五四）
〔ハイエク全集Ⅱ▼5『政治学論集』所収〕

ハイエクは、専門的な意味での「歴史家」とは言いにくいが、本文中でも何度か言及したように、一九世紀の英国の歴史家アクトン卿に強い影響を受け、自らの著作の要所要所で参照している。また、『自由の条件』や『法と立法と自由』などで、「自由」「法の支配」「民主主義」「社会的正義」などの政治哲学的理念と、現実の政治との関係について、多くの史料を駆使して論じている。

論文集『資本主義と歴史家たち』（一九五四）への「序文」として書かれたこの論文では、アクトン卿やマコレーなど、進歩／反進歩の対立図式から歴史を描いた、一九世紀の「ホイッグ史観」に対する好意的な評価を示すと共に、当時支配的になっていた、特に経済史の領域における社会主義的歴史観に対して批判の目を向けている。

社会主義史観との関連でハイエクが強調しているのは、「資本主義」をめぐる「神話」である。それは、「資本主義」が、労働者を搾取し、彼らの生活をもっぱら悪化させ、彼らを犠牲にすることで発展してきた、という〝資本主義の恐怖〟をめぐる神話である。

ハイエクに言わせれば、そもそも、資本主義的分業体制によって生産効率が上昇し、投資が拡大したことによって、労働者階級を中心とする人口の増大が可能になったのである。そして、様々な紆余曲折を経ながらも全体として見れば、資本主義の発展に伴って、労働者の平均的生活水準は改善される傾向にある。そのことは統計的数値が示している。発展から取り残される最貧層も確かにいるが、最貧層の生活水準が資本主義以前よりも明らかに悪化したという証拠はない。

ハイエクは、歴史的事実に反する形で、「資本主義」神話が広まった理由として、①貧困が不条理と見なされるようになったこと、②大都市において党派的な議論として利用されたこと、③経済史それ自体の偏向性——の三つの理由を挙げ、そのおのおのについて分析を加えている。③については、（オーストリア学派と対立関係にあった）ドイツの歴史学派や、アメリカの「制度学派」に社会主義的傾向が強かったことが指摘されており、経済学と経済史の関係についてのハイエクの見解も伺える。

無論、ハイエク自身の「歴史」観が、彼独自の「進歩」理解に依拠しているので、社会主義的歴史観の哲学的・党派的偏向性を指摘する、彼自身の党派性も考慮に入れておく必要はある。

☆さらに興味をもった読者にはこちらもおすすめ
・**「歴史家とヨーロッパの未来」**（一九六七）
〔ハイエク全集Ⅱ▼5『政治学論集』所収〕

5 社会主義研究者としてのハイエク

「社会主義計算①〜③」（一九三五〜四〇）
〔ハイエク全集Ⅰ▼3**『個人主義と経済秩序』**所収〕

有名な「社会主義経済論争」に際してのハイエク自身の論考である。ハイエクを単純に〝反共の闘士〟あるいは〝反社会主義者〟と見なす通俗的見解では、ハイエクは（「個人主義」と対立する）「社会主義」をイデオロギー的に最初から拒否しているので、社会主義理論に細かな関心を持っていないのではないか、と何となく思われがちである。しかし、実際のハイエクは、社会主義経済学の拠って立つ原理について理論的・批判的考察を加え、その不可能性を証明することを試みている。

社会主義経済においても、市場メカニズムをシミュレートすることで、適正価格を決定することが可能であるとするディキンソンやランゲなどの議論に対してハイエクは、市場における価格シグナルに反映される、知識の分散化の問題を指摘したうえで、中央当局がその知識を集約するのは不可能であると主張した。ハイエクにとって、社会主義問題の核心は、人間観・世界観の違いというよりも、「知識の利用」の問題であることが分かる。

まさにこの「知識の利用」ゆえに、ハイエクは、「合理的経済人」の仮説に依拠する、新古典派経済学などとも最終的に袂を分かち、「ルール進化論」と結び付いた独自の「個人主義」観を確立することになる。社会主義経済論争での「社会主義研究」が、後に「社会哲学者ハイエク」が誕生するきっかけになったとさえ言えよう。

☆さらに興味をもった読者にはこちらもおすすめ

・**「社会主義計算論争とはなんだったのか**
——フィクションの2ページ」（一九八三）

・**「知識人と社会主義」**（一九四九）

〔ともにハイエク全集Ⅱ▼10『社会主義と戦争』所収〕

関連年表

	ハイエクの生涯	世界の出来事
一八九九	**ハイエク誕生**	第一回ハーグ平和会議 第二次ボーア戦争勃発
一九〇五		ロシア、血の日曜日事件
一九〇六		英国で労働党結党
一九〇八		オーストリアがボスニアとヘルツェゴビナを併合
一九一四		第一次世界大戦勃発
一九一七	オーストリア・ハンガリー歩兵連隊入隊	ロシア革命
一九一八	**ウィーン大学入学**	ソ連政権、戦時共産主義採択 第一次世界大戦終結 オーストリア、共和制に移行
一九二一	法学博士号取得	ソ連、新経済政策（ＮＥＰ）採択 ワシントン条約締結
一九二三	政治学博士号取得 **ハイエク渡米**	フランスのルール地方占領 ヒトラーのミュンヘン一揆 関東大震災
一九二七	**オーストリア景気循環研究所所長**	ソ連共産党、トロツキー等を除名 ハイデガー『存在と時間』

一九二九	『貨幣理論と景気循環』	ニューヨーク証券取引所で株価大暴落（＝ブラック・サーズデー）
一九三〇		ロンドン海軍軍縮会議 ケインズ『貨幣論』
一九三一	**LSE教授** 『価格と生産』	満州事変勃発
一九三三	『貨幣理論と景気循環』	ナチス政権掌握
一九三五	ハイエク編『集産主義経済計画』	ナチス・ドイツ、再軍備宣言
一九三六	「経済学と知識」	ケインズ『雇用、利子、および貨幣の一般理論』 スペイン内戦でナチス、ゲルニカ空爆 日中戦争勃発
一九三八	**英国市民権獲得**	ナチス・ドイツによるオーストリア併合
一九三九	『利潤、利子および投資』	第二次世界大戦勃発
一九四一	『資本の純粋理論』	大西洋憲章発表 太平洋戦争開始
一九四四	『隷属への道』	ブレトンウッズ協定
一九四五	「社会における知識の利用」	第二次大戦終結 ポパー『開かれた社会とその敵』
一九四六	「真の個人主義と偽りの個人主義」	ニュルンベルク国際軍事裁判判決 日本国憲法公布

一九四七	**モンペルラン協会設立**	マーシャル・プラン発表 コミンフォルム創設 日本国憲法施行
一九四八	『個人主義と経済秩序』	ベルリン封鎖 第一次中東戦争
一九五〇	**シカゴ大学教授**（社会道徳科学）	朝鮮戦争勃発
一九五二	『感覚秩序』 『科学の反革命』	米大統領選でアイゼンハワー当選 日本主権回復
一九六〇	『自由の条件』	米大統領選でケネディ当選 日米安保条約
一九六二	**フライブルク大学教授**	キューバ危機 フリードマン『資本主義と自由』
一九六三	「ルール、知覚、理解可能性」	ケネディ暗殺 アーレント『革命について』
一九六四	「デイヴィド・ヒュームの法哲学と政治哲学」	米国大統領選でジョンソン当選 東京オリンピック
一九六七	「医学博士バーナード・マンデヴィル」 「行為ルールシステムの進化」	第三次中東戦争
一九六八	「政治思想における用語の混乱」	プラハの春→チェコ事件 パリ、五月革命 米大統領選でニクソン当選

一九六九	**ザルツブルク大学教授** 「抽象的なるものの先行性」	中ソ紛争 ドイツ社民党政権成立 全共闘、安田講堂事件
一九七三	『法と立法と自由Ⅰ』	オイル・ショック
一九七四	**ノーベル経済学賞受賞**	ウォーターゲート事件
一九七六	『法と立法と自由Ⅱ』 「貨幣発行自由化論」	米大統領選でカーター当選 ロッキード事件
一九七九	『法と立法と自由Ⅲ』 今西錦司との共著『自然・人類・文明』	イラン革命 英国、サッチャー政権発足 ソ連、アフガニスタン侵攻
一九八〇		米大統領選でレーガン当選
一九八八	『致命的な思いあがり』	ソ連、ペレストロイカ開始 米大統領選でブッシュ（父）当選
一九九一	**アメリカ大統領自由勲章受章**	湾岸戦争 ソ連崩壊
一九九二	**ハイエク死去**	マーストリヒト条約調印 ユーゴ連邦共和国解体
一九九四	『ハイエク、ハイエクを語る』	ボスニア紛争でＮＡＴＯがセルビア人勢力を空爆

あとがき

ハイエク関連のシンポジウムで数年前に知り合った春秋社の山田兼太郎氏に、ハイエクについて一冊概説書を書いてみませんかと勧められ、約一年くらいかけて本書を書き上げた。「序」でも書いたように、ハイエクは結構前から、私が強く関心を持っている思想家の一人であり、ハイエク関連の本を読んだり、彼の思想について論じるのは好きだったが、勧められるまでは、自分で一冊書いてみようとは、あまり思っていなかった。

何故かというと、私が強く関心を持っている他の思想家たち、具体的に言うと、ルソー、フリードリヒ・シュレーゲル、アドルノ、ベンヤミン、アーレント、デリダ、ドゥルシラ・コーネルなどと比べて、ハイエクの思想は、私にとってあまりに〝常識〟的であるように思えていたからである。別の言い方をすると、彼の著作の中には、びっくりするようなどんでん返しの仕掛けがなかなか見当たらないのである。

私は常日頃から、奇を衒ったこと、読者をびっくりさせることを語り、〝生き生きとした新鮮な感動〟を与えるのが、哲学・思想のやるべきことではないと思ってきたし、そう主張してきたつもりである。ただ、一冊の本で一人の思想家を集中的に取り上げるとなると、何らかの形で、普通の人の常識からはなかなか出てこない、逆転の発想のようなことを示さないと、話が続かない。「この思想家は、○○という常識を一貫して語り続けた」で、終わってしまう。無理に書こうとすると、つまらない本になってしまう。

それで本格的に手を出す気になかなかなれなかったのだが、恐らく、山田氏に勧められた時期に私の発想が少し変わり始めていたこともあって、何となくやる気になった。多分、年を取ってきたせいで、地味な思想の方が性に合うようになったのだろう。もう少し真面目な言い方をすると、いかにも常識的に見えるテクストの中から、常識的な説得力を生み出しているものを探り出し、きちんと解説する仕事も重要だと——割と本気で——考えるようになったのかもしれない。

本書を書き進める過程で、ハイエクの主要著作を読み直し、ハイエクの思想のどこが私にとってしっくりくるのか改めて考えてみた。終章の最後で既に書いたことなので、繰り返しになってしまうが、私にとってのハイエク思想の魅力は、それが「分を知る思想」であるということだ。

ごく少数の思想家、理論家が、社会全体の行く末を見据えて、理想の社会に至るための設計図を示すというのは、恐ろしく傲慢な発想である。しかし、哲学、思想に関心を持つ人の多くは、そういうカリスマの出現を期待し、時として、自分がそれになろうとする。だから、思想家を自称する人、評論家、ジャーナリスト、編集者、書店員は、〝お祭り〟が大好きである。ネットの発展によって、その傾向がかなり増幅されている。

かつては反社会主義の闘士として、〝お祭り〟の一方の旗頭になっていたハイエクは、冷戦終了後、本人が亡くなったということもあって、少なくとも日本では、〝お祭り〟の表舞台にかつぎ出されることは少なくなった。法・経済・政治思想の研究者でハイエクを論じる人はむしろ増えており、春秋社から第Ⅱ期の著作集も刊行されているが、素人、半素人も参加する〝お祭り〟になっている雰囲気はない。彼の思想のキャッチワードである自生的秩序論が、（東西冷戦という文脈が不在の状況で語られると）意外と地味に聞こえてしまうせいだろう。

しかし、その地味さの根底にある、〝個々の人間の不完全さ〟を補っているものを探求し続けする姿勢は、〝お祭り〟が求められている時代にこそ重要なのではないかと思う。

二〇一一年四月

金沢大学角間キャンパスにて

仲正昌樹（なかまさ・まさき）
1963年、広島県生まれ。東京大学総合文化研究科地域文化研究博士課程修了（学術博士）。現在、金沢大学法学類教授。文学や政治、法、歴史などの領域で、アクチュアリティの高い言論活動を展開している。著書に、『今こそアーレントを読み直す』（講談社現代新書）、『集中講義！ アメリカ現代思想』（NHKブックス）、『日本とドイツ 二つの戦後思想』（光文社新書）、『「不自由」論』（ちくま新書）、『知識だけあるバカになるな！』（大和書房）、『改訂版〈学問〉の取扱説明書』（作品社）などがある。

いまこそハイエクに学べ

「戦略」としての思想史

2011年 8 月 20日　初　版第1刷発行
2020年 9 月 25日　新装版第1刷発行

著者――――――――仲正昌樹
発行者―――――――神田　明
発行所―――――――株式会社 **春秋社**
〒101-0021 東京都千代田区外神田 2-18-6
電話 03-3255-9611（営業）
03-3255-9614（編集）
振替 00180-6-24861
https://www.shunjusha.co.jp/
印刷――――――――株式会社 シナノ
製本――――――――ナショナル製本 協同組合

ISBN978-4-393-61116-6　C0033
定価はカバー等に表示してあります